APENAS FAÇA !
JUST DO IT !

Matheus Belchior da Silva

APENAS FAÇA !
JUST DO IT !

Matheus Belchior da Silva

Índice

Sobre o autor

Matheus Belchior da Silva, brasileiro, nascido e criado no nordeste. Pai aos 22 anos de idade. Trabalhador, sonhador e realizador! Um típico da Silva, com os mesmos problemas que você. Minha missão é mostrar para você que você pode, que você consegue e deve ir mais adiante. Para trás, só se for para pegar impulso. Vamos para cima!

Estou aqui para provar que todo "da Silva" pode chegar onde quiser. Fui pai aos 22 anos de idade. Quando eu descobri que iria ser pai, eu não tinha nenhum patrimônio, estava na Europa, começando a construir a minha vida.

Havia acabado de chegar, no segundo dia em Portugal, minha namorada me liga:

• Amor, estou grávida!

Então, eu seria o pai do ano. Desespero? Medo? Tristeza? Auto-decepção? Nem sei se essa palavra existe, mas eu senti tudo isso e mais um pouco. Foi um choque, tanto para mim quanto para nossos familiares. No início da construção da minha vida, eu tinha cometido um erro? Será? Senti todos esses sentimentos, mas senti um sentimento que eu já havia sentido em outrora: RESILIÊNCIA!

Muitas pessoas falam sobre resiliência, tatuam, postam essa palavra, porém poucos sabem o que ela realmente significa na vivência. Na prática, tudo é diferente. Manter a calma em meio ao caos, quando se está realmente no caos, quase ninguém lembra da resiliência.

A não ser o seu vizinho que está tranquilo e em paz e fala para você ter resiliência. Que tal ele ter empatia? Tudo à minha volta estava um caos. Eu estava há dois dias em Portugal e a todo momento recebia ligações dos meus familiares e dos familiares dela ouvia todas as reclamações possíveis em um dia. Ouvia coisas do tipo:

- Você estragou tudo
- Você vai ter que voltar
- Você é só um sonhador
- Bem-vindo à realidade. Já estava na hora de acordar.

Entre outras coisas que não vale a pena escrever aqui. Mas se você já passou por isso, vai saber tudo que eu ouvi. Porém, também fui apoiado. Meus irmãos, meus cunhados, meu pai. A minha mãe demorou um pouco para aceitar, mas depois ela também me apoiou. Não julgo quem me falou tais coisas. Algumas coisas eu precisava ouvir
.

Foi em meio a tudo isso que eu ouvi a voz do Senhor dizendo

- : "Não temas, porque Eu sou contigo; não te assombres; porque Eu sou o teu Deus!" (Isaías 41:10)

O desespero gritava de um lado:

- Desiste! Você acabou com tudo!

E do outro lado o Espírito Santo sussurrava: "Não se turbe o vosso coração." (João 14:1)

Pensamento: Hoje é o primeiro dia do resto da sua vida !

O livro...

- Eu sempre fui cheio de ideias, pensamentos, filosofias e eu queria compartilhar isso com outras pessoas. Foi quando eu decidi escrever esse livro. Esse é o meu primeiro livro. Então não se assuste se este livro não estiver tão organizado quanto os outros que você já leu. Neste livro você vai compartilhar junto comigo algumas experiências que vivi em uma das fases mais importantes da minha vida: o início.

Trabalhei em vários empregos em Portugal. Mais de três em menos de dois meses. Trabalhei por um dia em uma empresa de entregas. Trabalhei um mês em uma empresa que prestava serviços para apartamentos tipo Airbnb. E trabalhei em um restaurante: o Conga.

Um dos restaurantes mais tradicionais do centro da cidade do Porto. Morei em um hostel por um bom tempo. Convivi com várias pessoas de vários países e de vários estados do Brasil também. Aqui começava a minha trajetória de aprendizagem em Portugal e posso dizer também na Europa. Comecei a colocar tudo em ordem. As coisas já estavam mais calmas em relação à gravidez da minha namorada. A resiliência é uma bênção. Comecei a me ocupar cada vez mais. Estudando outras línguas, outras culturas, fazendo networking. Eu fui crescendo dia após dia.

- Me tornei mais responsável e, para minha surpresa, eu havia me tornado mais flexível. Sim, eu comecei a perceber que algumas coisas que eu achava que eram importantes não eram tão importantes assim, fui aprendendo que menos é mais, me tornei um pouco minimalista. Eu sempre questionei tudo e todos, sempre eu perguntava o porquê das coisas, a dúvida quando usada da forma correta, nos leva a certeza.

Oração: Querido Deus, abençoa os meus planos, e me direciona, cuida dos meus, eu te amo Senhor.

Capítulo 1   Conga

Depois de rodar bastante atrás de emprego em Portugal, finalmente eu achei um que era bom para mim. Eu havia trabalhado em outros lugares antes de trabalhar no Conga. O Conga foi a melhor opção para mim. Lá eu recebia relativamente bem. Você deve saber que Portugal é um dos países que têm o salário mínimo mais baixo da Europa. Eu ganhava cerca de 3,65€ por hora trabalhada. Pouco, né?

E se eu te disser que tem países na Europa que pagam bem menos que Portugal? Por exemplo, a Bielorrússia, que o salário mínimo gira em torno de 130€ por mês.

Você deve se perguntar:

Cara, você recebe 3,65€ por hora trabalhada. Isso não é pouco não? É claro que é pouco. Mas Portugal não é um país caro para viver. Comida é barata.

O que é caro é casa. Sim, meu amigo(a), o aluguel em Portugal é caro. Mas se você der sorte, você encontra um apartamento com um quarto, que eles chamam de T1, no centro do Porto por 400€. Mas a vantagem mesmo era quando eu transferia dinheiro para o Brasil. Eu mandava cerca de 150,00€ para o Brasil e chegava lá cerca de R$700,03.

Em alguns momentos, o euro estava tão alto que quando eu enviava 150,00€ para o Brasil, chegava cerca de R$909,45.

E lá estava eu: em outro continente, trabalhando em algo que eu nunca trabalhei. Antes de ir para Portugal, eu já pensava em trabalhar em um restaurante.

Cara, eu iria conhecer mais pessoas, praticar outros idiomas e comer de "graça". Esse é o lado bom de trabalhar em restaurantes hahaha. Sem falar que o Conga fica ao lado do hostel que eu morei. Então eu economizava tempo e dinheiro, já que eu não precisava usar nenhum tipo de transporte para chegar até o trabalho.

Foi nesse trampo que eu consegui o meu contrato de trabalho para dar início ao meu processo de legalização em Portugal.

Lá eu conheci o Manel, um dos caras mais inteligentes e espertos que conheci. Ele é o gerente do Conga. O cara é brabo. Trabalhei com várias pessoas. A rotatividade era muito grande no restaurante. Conheci muita gente lá. Networking né parceiro(a).

Lá eu conheci o Seu Monteiro, que figura! Ele fazia questão de me lembrar que se eu quisesse ganhar dinheiro, Portugal não era o melhor lugar.

Ele me dizia:
- Chega aqui irmão.

Ou então ele dizia:
- Olha aqui meu irmão, tu tem idade pra ser meu filho. Quando você pegar seus documentos, cai fora meu irmão. Vai para Inglaterra, Luxemburgo, França. Vai para outro lugar. Lá que é vida.

Não é que a vida em Portugal fosse ruim. É que em Portugal se ganhava pouco.

Mas era o melhor lugar para se legalizar na Europa. Lá também conheci o Luiz, maluco dois anos mais novo que eu, mas pensava na mesma frequência que eu. Trabalhando no Conga, eu aprendi bastante sobre a área de restaurantes ou restauração como eles chamam. Aprendi também sobre negócios. Eu e o Manel ficamos amigos e ele fazia questão de tirar as minhas dúvidas sobre qualquer assunto.

Então tive que dar uma parada no livro.

O movimento aumentou esses dias. O Seu Monteiro saiu do Conga logo depois que eu escrevi sobre ele no livro. Ele pediu demissão do Conga e disse que havia encontrado algo melhor graças a Deus.

Você acredita que depois de duas semanas ele voltou para o Conga como se nada tivesse acontecido? Não falei que ele era uma figura!

Seu Monteiro também gostava de me lembrar que sempre é bom falar menos e ouvir mais. Talvez eu falasse demais kkkkkkkkkk.

Oração: *Está tudo em tuas mãos Abba. Tudo! Amém :)*

Agora eu tô querendo o pódio.

A guerra é pra quem bota a cara apesar de tudo. E é por isso que eu boto. Eu tô subindo além do que eu posso.

Eu não tenho medo? Eu não tenho preguiça? Eu não sinto dor ou saudade? É claro que eu sinto tudo isso. Porém, eu tenho coisas mais importantes para pensar. Assim como o frio não costuma me incomodar, diferente de outrora, que eu não aguentava dormir no quarto dos meus pais porque eles usavam ar condicionado. Hoje eu costumo andar sem casaco. Em uma temperatura de 16°C está frio?

É claro que está. Eu não sou dormente. Mas eu tenho coisas mais importantes para pensar. A dor, o frio, o cansaço. Você controla tudo. Está tudo no poder da mente. Eu não estou falando que não existe frio ou calor, dor ou cansaço. Tudo isso existe. Porém, são coisas que você pode escolher dar poder a elas ou não. Foque no que você quer. Esqueça por um tempo as distrações: festas, apps, problemas. É preciso se abstrair. É preciso manter o FOCO!

Escolha ao que você quer dar poder.

Existe um ditado popular bastante usado no nordeste brasileiro: "cego de raiva". É usado para expressar uma determinada situação em que uma pessoa atingiu o seu limite e acabou fazendo uma besteira ou falando algo que não deveria falar.

Mas ela estava cega de raiva e então fez ou falou. Não sei se você é uma pessoa irritadiça. Mas mesmo que não seja, você já deve ter ficado irado alguma vez na vida. Agora já pensou se você usasse essa energia para algo benéfico? Se ao invés de você dar todo esse poder à raiva, você desse esse poder ao foco?

Você então ficaria "cego de foco". E mesmo que não quisesse acordar cedo, você iria acordar. Mesmo que você não quisesse treinar, você iria! Você iria fazer o que tem que fazer mesmo que não tivesse a mínima vontade.

Saiba dosar...

Por mais poder que você dê ao foco, não deixe ele te cegar. Na verdade, não deixe nada te cegar. Enquanto escrevo esta pagina, estou trabalhando em um restaurante em Portugal. Estou perto de concluir o objetivo aqui. Mas isso me custou coisas que eu nunca mais vou recuperar: perdi toda a gestação da minha filha, perdi o nascimento dela, meu pai teve que registrá-la por mim, perdi todos os aniversários daquele ano, passei todas as datas comemorativas só fisicamente falando.

Espiritualmente eu nunca estive só. O tempo é o que temos de mais precioso e escasso.
Eu estou abrindo mão do meu tempo com quem eu amo para atingir o meu objetivo.

Parece que deixei o foco me cegar? Nem minha filha eu vi nascer. Talvez eu tenha ficado cego pelo foco, mas foi por um curto período de tempo. Eu não vou passar a vida longe de quem eu amo só para ser bem-sucedido. Dinheiro não compra tempo, isso é verdade.

Mas se você souber usar o dinheiro ele pode te fazer poupar tempo. Hoje eu trabalho muito, futuramente planejo não trabalhar. Sacou? Isso não significa que você não deve ficar longe da sua família, longe da sua casa ou que você tem que levar a sua família para todo lugar. Lembre-se que o livro é meu e eu estou falando de mim.

A minha intenção é compartilhar um pouco da minha vida com você para que você absorva aquilo que achar benéfico e produtivo para você. Eu valorizo muito as pessoas a quem eu amo. Talvez no seu caso não seja igual.

Pensamento: Cada um encara a vida de um jeito. Há algumas pessoas que nem a encaram. Cada um tem o seu modo de viver, de sobreviver ou de existir.

Capítulo 2   Assuma os riscos.

Quando eu decidi vir para a Europa, meu pai estava desempregado. No momento, apenas eu e minha querida mãe trabalhávamos. Meus pais sempre sustentaram a casa, mas agora era a minha vez de assumir a responsabilidade de ajudar nas despesas da família. E foi uma das melhores coisas que eu fiz. Comecei a aprender a sustentar uma casa, gerir os gastos, fazer uma reserva de emergência. Pensando nisso agora, até parecia um ensaio, já que brevemente eu iria ter a minha própria família. O risco.

Agora se coloca no meu lugar. Naquele momento em que eu era o gestor da minha família eu decidi sair do país. Conversei com meus pais e então eu assumi o risco. Mas… qual risco? Sair do Brasil, deixar apenas minha mãe trabalhando para sustentar a nossa casa. E se Portugal desse errado? Não seria só eu que iria ficar mal. Já que eu tinha convencido o meu pai a vender o carro dele para me emprestar o dinheiro para viajar. Mas antes de vir eu coloquei a minha casa em ordem. Tá ligado que eu sou brabo em networking né?

UM CONSELHO PARA VOCÊ:

Networking é uma das ferramentas mais importantes hoje em dia, costumo dizer e ouvir que networking vale mais do que dinheiro, e isso é a pura verdade !

Se você é ruim em fazer novos contatos, novas amizades, ande com quem é bom nisso, vai por mim.

Então, eu tinha contato direto com a CEO do supermercado que eu trabalhava. Falei com ela uma ou duas vezes e lá estava meu pai trabalhando na mesma empresa que eu. Não era algo que eu queria fazer, porém tinha que ser feito.

Falando em risco, se liga na minha primeira negociação em terras europeias.

Ontem os donos do hostel em que eu moro me ligaram e me pediram uma reunião. Tinham uma proposta para mim. Nessa reunião eles me apresentaram duas propostas.

Gostaria de deixar claro que quando eles me ligaram eu fiquei feliz. Não só pela proposta, eu fiquei muito feliz pela ligação. O fato de eu estar na Europa, não é o fato de ser a Europa, o fato é que eu estava em terras estranhas e em menos de três meses eu já estava negociando um hostel.

Deus é bom o tempo todo e o tempo todo Deus é bom! Assim que eu recebi a ligação agradeci ao Senhor. Tudo aquilo que eu sonhei estava acontecendo, porém de uma maneira incrível! Para resumir a história, eu não fiquei com o hostel. Mas vou falar para vocês o que eles me apresentaram. Primeiro me ofereceram 50% do hostel por 5.000 Euros. Na época a cotação do euro para real estava batendo quase 4,50 reais.

Como eu estava há pouco tempo na Europa, eu iria ter que desenrolar essa grana no Brasil. Porém eu não estava rico financeiramente falando e não tinha como conseguir essa grana do dia para noite. Afinal, estamos falando de algo em torno de 22.500 reais.

Fiz umas contas e vi que não caberia no meu bolso. Na verdade eu só fiz as contas para eles pensarem que eu estava vendo se iria valer a pena. E já vai aqui mais um hack: quando for negociar, nunca mostre suas cartas, mesmo que você não tenha carta nenhuma. Eles também me ofereceram 33% do hostel por 3.333 Euros.

No dia seguinte, mais precisamente 17/07/2019, eu fiz uma contraproposta. É claro que eu não tinha capital nenhum, porém eu tinha um pouco de sabedoria e isso fez toda a diferença. Primeiro eu apresentei tudo a Deus e depois de entregar tudo a Ele fiz umas ligações para umas pessoas brabas tá ligado? Pessoas que poderiam me aconselhar, pessoas que já tinham vivido algo parecido. Na contraproposta eu ofereci 1.500 Euros por 20% do hostel.

Só que se eles aceitassem eu iria recusar. Ué, como assim cara? Deixa eu te passar outro hack: faça cálculos, com dinheiro não se brinca e a teoria do "eu acho" é perigosa. Pega a visão: eram dois sócios, eu iria ser o terceiro. O hostel tinha um apurado aproximado de 3.004 Euros por mês. O lucro era de mais ou menos 2.300 Euros todo mês. O negócio estava indo bem.

Por que eles iriam precisar de 2.000 Euros? Os 5.000 Euros iniciais ainda faziam sentido, mas 2.000 Euros? Eles ganhavam isso livre por mês. Lembra que eu falei que tinha um pouco de sabedoria? Então, a sabedoria é uma bênção de Deus, vai por mim. Eles aceitaram a minha proposta e eu? Eu recusei.

Oração: *Abba, apresento-te a minha família, os meus planos e os meus sonhos. Pai, cuida dos meus amigos, visita-os com o teu Espírito Santo. Abençoa cada pessoa que faz parte do meu dia, que cada uma delas seja abençoada por ti. Amém. Eu te amo, Abba.*

Sim ou Não

Essas duas palavras podem ajudar a definir se o seu dia vai ser bom ou ruim. Existem formas de usar essas palavras, e eu faço o possível para usar da melhor maneira! Ao acordar, calma.. Deixa eu te explicar uma coisa antes: O sim eu uso de forma positiva. Por exemplo, ao acordar, eu decreto que o meu dia vai ser maravilhoso, e que ninguém vai estragar o meu dia.

Ou seja, eu irei evitar ao máximo que pessoas interfiram de forma negativa no meu dia, incluindo até mesmo eu! O "não" eu uso de forma negativa. Como por exemplo, quando eu acabo de ter um pensamento negativo, eu rapidamente me questiono. Mando uma mensagem mais ou menos assim para a minha mente: Qual é? Que tipo de pensamento é esse? Você está proibido de pensar assim de novo. Parece loucura, né?

Mas experimenta deixar esses tipos de pensamentos negativos povoarem a sua mente. Os repreenda assim que os detectar. Vai por mim. Você tem que aprender que você não é só você. Ah, não sabia? Sabe aquela autoconversa? Sim, aquela conversa com você mesmo! Sabe aquela voz pensante lá dentro? Eu te apresento o seu subconsciente! Você vai conviver com ele para sempre. É ele quem fica chateado e com raiva quando você toma uma decisão ruim.

Ele quem diz: Você deveria ter dito SIM ou você deveria ter dito NÃO! Aprenda que você vai conviver com você mesmo para o resto da sua vida. Então aprenda a ser feliz com você mesmo. E, por último e não menos importante, aprenda a se fazer feliz!

Sabe quando te convidam para um lugar ou para fazer alguma coisa, sei lá, qualquer coisa, e você diz: SIM? Mesmo você não querendo fazer tal coisa, mas você aceita só para não deixar aquela pessoa mal ou simplesmente só para não ficar mal na fita. Bem... Você pode não ficar mal na fita, mas dentro de você, você não vai ficar bem.

Agora imagina o quanto de coisas e de momentos tóxicos que você pode evitar. E eu vou te ensinar como. Isso é algo que eu acabei de batizar e o nome é: A lei dos 5 segundos. É o seguinte: quando alguém te oferecer algo ou te convidar para fazer alguma coisa, não responda imediatamente. Você tem até cinco segundos para responder. Cinco segundos. é o tempo suficiente para você refletir sobre a sua resposta, se deve ser sim ou não: 1...2...3...4...5.

Quanto mais perto do 5 você responder melhor. Não responda antes do 3. Leve o tempo que for necessário para tomar a decisão certa. A menos que você já tenha certeza da sua resposta.

A *lei dos 5 segundos não se enquadra para tudo.*

Mas posso afirmar que se enquadra para a maioria das coisas que vivemos.

E antes de ir para o próximo capítulo quero te passar um dos hacks mentais mais brabos que eu aprendi. Se liga: Aprenda a dizer não sem se explicar! Quando você colocar em mente que não deve nada a ninguém, você vai ser uma pessoa mais feliz. Trust me!

Pensamento: Solução tá aí uma coisa que está em falta no mercado e na vida das pessoas hoje em dia. Se você quer ajudar alguém, apresente a solução. Não precisa nem apresentar o problema. É só expor a solução.

Capítulo 3   Você está no futuro?

Atenção, o que você vai ler agora pode parecer embaraçoso, complicado e complexo. Mas se você comprou esse livro, você vai entender por que você é brabo! Existe uma cópia sua no futuro, torcendo por você, torcendo para que você tome as decisões certas, agradecendo a você por você não desistir, por você não parar.

Eu sempre me vejo no futuro e o meu eu do futuro está de olho no meu presente. Eu costumo ouvir a minha voz vindo do futuro, me aconselhando, me instruindo. Consigo ver o meu eu do futuro me olhando quando estou em alguma situação difícil e eu ouço a mim mesmo dizendo: Tudo vai ficar bem, nós vamos dar um jeito. E quando estou fisicamente no futuro, eu consigo me ver no passado e aí eu agradeço por ter me ouvido.

Se você ainda não se projetou para o futuro, aconselho que você projete uma parte sua para o futuro. Esteja sempre dez anos à frente. Não entendeu? Vou te mostrar na prática. Lembra que eu te falei que assim que cheguei em Portugal eu descobri que iria ser pai e o tempo fechou? Então, eu estava resiliente perante tudo aquilo, mas por dentro eu estava muito abalado, triste comigo mesmo. Eu pensava: caraca, eu sempre quis uma chance para poder mudar tudo e agora quando eu tenho essa chance dou um vacilo desse?

Não em relação à minha namorada estar grávida, mas logo agora? Em meio àquelas ligações nada amigáveis que eu recebia uma atrás da outra, eu fiquei mal. Foi aí que eu falei: vou tirar uma selfie agora para no futuro, quando estiver tudo bem, que certamente vai estar, eu veja essa foto e lembre que eu fui positivo em meio ao caos.

E olha a foto servindo para o meu livro que foi escrito uns meses depois dela.

Como eu vou me projetar para o futuro?

Existem vários meios de estar no futuro. O primeiro passo é estar em Deus ou estar com Deus, o Senhor está sempre à frente. Outro passo a ser dado, para quem quer estar no futuro, é parar de andar com pessoas que estão no passado. Quem está sempre revivendo o passado, sempre contando as mesmas vitórias ou que está sempre chorando pelas mesmas derrotas, essas pessoas estão em um caminho diferente do seu, na verdade elas estão paradas no caminho. Se você puder ajudar, ajude! Se elas não quiserem ajuda, siga o seu caminho, rumo ao topo.

Outro passo a ser dado é você ser mais positivo. Não, não basta só ser positivo, tem que ser mais! Outro conselho que eu posso te dar é: Seja grato, a gratidão vai te colocar uns anos à frente, trust me. Sim, e agora? Agora evolua! Estude, cresça, saia da zona de conforto. Para chegar no futuro é preciso primeiro sair do lugar, fisicamente e mentalmente.

Oração: Abba, paizinho cuida da minha família, cuida do meu filho(a). Abençoa a minha namorada, abençoa a minha família Abba. Amo muito todos eles e estou com muita saudade!
Um passo à frente!

Falando em estar no futuro, se liga nisso aqui. Conheci alguns Brazukas aqui na Europa. Todos esses que estou mencionando agora têm algo em comum: Eles estão investindo em algo aqui. O engraçado é que quando eu estou conversando com eles os assuntos batem.

O que eu quero dizer é que eu consigo conversar com eles de igual para igual e muitas vezes eu até tenho mais domínio do assunto do que eles. E muitas vezes, muitas vezes mesmo, as minhas ideias são melhores do que as ideias deles. Sim, e daí? Eles também eram empreendedores no Brasil. Eles tinham muita bagagem na conta. E eu? Não tenho experiência com negócios. Estou começando a adentrar nisso agora. Mas para quê mencionar isso? É só para você lembrar de reconhecer quando você for bom em algo.

Deus sempre me colocou um passo à frente em tudo! Obrigado Abba por abençoar tanto a mim e a minha família. Eu te amo Senhor. Lembro da primeira vez que fui treinar nas categorias de base do clube Náutico. É um clube da cidade do Recife que fica no nordeste brasileiro. Quando eu fui jogar no Náutico eles estavam na segunda divisão tentando o acesso para a primeira divisão.

Na tentativa de conseguir o acesso para a primeira divisão eles contrataram o rei do acesso. Calma não foi eu hahahaha eu só joguei nas categorias de base e na escolinha também quando era mais novo. Eles contrataram o técnico Givanildo Oliveira.
O clube até fez uma boa temporada mas no final morremos na praia. Não conseguimos o acesso naquele ano, mas conseguimos o estadual no ano seguinte, eu acho nem lembro.

O clube até fez uma boa temporada mas no final morremos na praia. Não conseguimos o acesso naquele ano, mas conseguimos o estadual no ano seguinte, eu acho nem lembro. Na verdade eu só contei essa história toda para você se situar voltando ao assunto…

Um ano antes de ir jogar nas categorias de base do clube Naútico, eu estava sem nenhum clube, e eu treinava só, fazia treinos na praia, na academia, porém, eu fazia tudo só, era eu mesmo que elaborava os meus treinos, que por sinal, eram muito eficientes.

Eu lembro que eu estudava as metodologias de treino em inglês, claro que eu tinha que traduzir, não sabia nada de inglês, e aqui vai mais um hack, procure o que você estuda, em inglês, os melhores conteúdos estão na gringa, trust me, alguns capítulos à frente eu falo mais sobre isso.

Voltando… Quando eu fui realizar o primeiro treino com a equipe, eu fiquei espantado, num é que os mesmo treinos que eu fazia sozinho na praia, na academia e até em casa, eram os mesmo que eles faziam lá, sabe o que isso quer dizer? Não é que eles fizessem um trabalho meia boca, muito pelo contrário, o clube do Naútico e o Sport do Recife são os melhores clubes da região, em questões de infraestrutura e categorias de base. Se você se esforçar para ser o melhor, você vai estar um passo à frente.

.

- Olá, boa tarde! Precisa do menu? Então o que vai ser?

3 Ice tea limão
2 Ice tea pêssego
2 Águas
8 Canecas
1 Sopa passada
1 Pedras
1 Ananás
1 Hambúrguer de boi em prato
1 Francesinha
4 Sardinhas
2 Saladas
4 Bifanas

-Ah, desculpem… Tive que atender uma mesa. Então, como vocês sabem, estou escrevendo um livro e escrevo enquanto atendo mesas. Isso mesmo, escrevo nas horas de baixo movimento aqui no restaurante. Agora, enquanto escrevo, tem cerca de seis mesas ocupadas. Está tranquilo. Enquanto eu trabalho, ideias povoam a minha mente. Inspiração é o que não falta. Falando em inspiração, acabei de me dar conta de que esse é um dom que o Senhor me deu.

Não é algo que vem de mim, vem do Pai. Quem convive comigo sabe que eu transbordo de inspiração. Geralmente eu escuto algo do tipo: Treinar sozinho é ruim, ficar só é ruim, fazer tal coisa só não tem graça. Elas não estão erradas. Mas no meu caso eu faço só. Se tiver alguém para me acompanhar, bom. E se não tiver, bom também. Just do it! Apenas faça!

Capítulo 4   Ué Carnaval ou São João?

Saca essa foto aí, parece carnaval, né? E se eu te disser que é noite de São João aqui em Portugal.

Um ano atrás, exatamente há um ano, eu estava trabalhando em um supermercado local, como vocês leram no início do livro.

Me lembro que eu estava em época de festas juninas, São João. Não sei se você reparou naquele pedido que eu anotei no capítulo anterior: o cliente me pediu sardinha. Aqui em Portugal, nessa época do ano, você não encontra milho, canjica, pamonha, fogueiras.

Esquece! Comida tradicional junina para eles é sardinha assada na brasa da churrasqueira e batata inglesa cozida tudo no mesmo prato.

E enquanto as sardinhas não ficam prontas, eles comem broa. Broa é um tipo de pão aqui em Portugal. E para beber? Vinho branco seco. Tirando tudo isso que já é diferente demais da nossa festa no Brasil, ainda tem os martelos. Isso mesmo: martelos! Tá ligado(a) aqueles martelos que as crianças brincam aí no Brasil? Uns martelos de plástico que quando a gente bate ele faz um barulho.

Fica geral com esses martelinhos do mal aí, dando martelada na cabeça da galera. Conhecido ou não, leva martelada.

Conheci uma senhora portuguesa, das antigas mesmo, e ela me falou que as marteladas são uma forma de se comunicar com pessoas que você conhece ou não.

Perguntei para ela como isso começou, essa coisa dos martelos, e ela falou que antigamente os rapazes usavam as hastes do alho poró, em vez do martelo, e tocavam levemente na cabeça das meninas, como forma de resposta. Se as meninas quisessem algo com os rapazes, elas davam um manjerico, uma planta pequena que forma uma moitinha e tem cheiro de manjericão.

igual esse aí da foto, e ainda vinha com um recadinho para os rapazes.
Outra curiosidade é que tudo tinha um duplo sentido, disse ela, ela falou que os homens usavam o alho poró para representar o órgão genital masculino e as mulheres usavam o manjerico pelo mesmo motivo.

Nas antigas o pessoal já estava ligando nas crocâncias da vida hahhaha

- Ela falou que foi mais ou menos em 1970 que as pessoas trocaram o alho poró pelo martelo de plástico e foi nessa época aí que as mulheres e crianças começaram a usar o martelo também, e agora todo mundo usa como forma de diversão. Que doideira.

Para não ficar só nas palavras dela eu fui estudar sobre.

Eu descobri que os martelinhos de plástico que são usados hoje em dia são uma invenção de um português chamado Manuel António da Silva, que começou a fabricá-los em 1963. Ele se inspirou em uns saleiros e pimenteiros que viu numa viagem ao estrangeiro e criou um brinquedo em forma de fole, com um cabo e um apito.

Os martelinhos fizeram tanto sucesso que substituíram o alho poró, que era usado desde a época dos celtas para espantar o mau olhado e homenagear a natureza. O manjerico é uma planta da família do manjericão, que tem um aroma muito agradável e serve de repelente de insetos. O manjerico é um dos símbolos das festas dos Santos Populares, especialmente do Santo António, o padroeiro de Lisboa.

A tradição diz que os namorados devem oferecer um manjerico com uma flor de papel e uma bandeirinha com uma quadra alusiva ao amor. O manjerico também é chamado de erva dos namorados ou basílico dos namorados.

Outra coisa é que eu não vi uma barraquinha de fogos de artifício, o que mais tinha eram pessoas vendendo esses martelos nas ruas, martelos e manjericos, ah, o manjerico hoje já não têm mais o mesmo significado de antes, agora eles usam para decorar as janelas e entradas das casas. Foi nessa época do ano que a gente mais trabalha aqui no restaurante, mano, nesse restaurante já era comum ter filas à espera de mesas, mas no São João foi fora do comum, se liga nessa foto aqui

O São João é para eles como o carnaval é para a gente. E não, eu não estou exagerando. Não acredita? Tenta comprar passagens para Portugal em junho.
Os preços estão mais altos do que o normal e a cidade parece a cidade de

Olinda/PE no carnaval. Todo mundo feliz, bebendo, falando com estranhos como se fossem irmãos, shows na cidade, um cheiro de sardinha assada e martelos para cima e para baixo.

Todo mundo feliz, bebendo, falando com estranhos como se fossem irmãos, shows na cidade, um cheiro de sardinha assada e martelos para cima e para baixo.

Já o carnaval aqui me surpreendeu. Se não fossem as casas de festas ou discotecas como eles chamam aqui, seria um dia normal. E falando em discotecas, mais na frente vai ter um capítulo só para falarmos disso.

Pensamento: Desfrute do novo. Se for bom.

Natal, solidão....

Já faz um tempo que eu não escrevo. E agora estou escrevendo, mas não sei o que escrever nas próximas linhas. Então, esses dias estão sendo os dias mais tristes desde que cheguei aqui. Estou me sentindo extremamente só e não é só isso. Estou perdendo toda a gestação da minha filha. Não estou escutando o coraçãozinho bater nem sentindo os primeiros chutes.

Nossa, estou sentindo algo que eu nunca senti: falta de vontade, sono em excesso, quando estou acordado não quero dormir e quando durmo não quero acordar, estou levantando 20 minutos antes do trabalho, mas isso acaba hoje! Enquanto escrevo isso me sinto exatamente como falei: sem vontade, tá ligada? Porém isso acaba hoje. Just do it! É isso que eu faço: venço todos os dias, mato vários leões por dia, mas os leões mais fortes são os meus. Eu sou o meu professor mais carrasco, o que mais me cobra, o que nunca alivia.

Ah, eu moro sozinho, não devo nada a ninguém, posso acordar a hora que eu quiser, posso passar o dia de folga dormindo, meus pais não estão aqui então posso fazer tudo isso. Não, não mesmo. Eu nunca fiz o que fiz por imagem ou para agradar alguém. Eu faço isso por mim. Eu sou o meu pior carrasco, mas sou o meu melhor professor também. Voltando para a solidão, esse foi um dos sentimentos mais frequentes durante a minha jornada aqui.

Lembro de quando eu chegava em casa e ligava para a minha namorada, meus pais e meus irmãos. Eu torcia para algum deles atenderem e torcia para eles não desligarem. Quando eles desligavam ou não atendiam eu colocava música para não me sentir só. Tô te falando: era foda. Eu ficava imaginando a minha família aqui, imaginava minha filha crescendo em um lugar seguro, ficava pensando no quanto meu pai vai gostar desse lugar.

O vazio que eu sentia às vezes era a falta das pessoas que eu amo junto com a ansiedade de ver elas em um país melhor. Não lembro o porquê de ter colocado esse subtítulo de NATAL, SOLIDÃO.

Deve ter sido porque estava perto do natal e eu estava pensando nisso. Não sei. Só sei que passei o natal na casa da minha cunhada aqui em Portugal. Não falei sobre isso antes: a minha cunhada veio para Portugal em outubro de 2019. E antes que você se pergunte o motivo de eu não ter levado a minha namorada antes: é porque ela estava grávida e eu não achava uma boa ideia trazer ela para cá antes do bebê nascer. Seria complicado e nós não teríamos a ajuda que ela teve no Brasil.

Oração: Senhor, peço-te forças para suportar todas as dificuldades, peço a companhia do teu Espírito Santo e da sabedoria. Abençoa a Isabella e a minha filha ou meu filho. Seja com os meus, Senhor. Amém.

Capítulo 5   Baladas/Discotecas

Quase esqueço de falar sobre isso... Se liga: aqui na Europa é frio pra cacete, as pessoas são bem mais reservadas, são frias. Então é muito difícil de rolar um churrasco ou uma festa na casa de alguém, que nem rola no Brasil. Ainda mais pra quem mora na cidade como eu. Só temos os pubs, as discotecas ou então juntar uma galera e ficar na frente de algum pub ou lugar de movimento da cidade.

Falando em ficar na frente dos pubs, tem um pub chamado 77 aqui na cidade do Porto, vou te contar, quando você entra na rua desse bar, parece que você está no Brasil, mais precisamente em Olinda. Você encontra até nego com chapéu do Chico Science lá. Então, agora que você sabe que a nossa diversão aqui, quando se trata de festas, é bastante restrita a isso, é aí que as discotecas entram.

Quer se divertir, conhecer gente nova ou sair do zero a zero? É só você ir em uma dessas discotecas. Quanto mais cara, melhor o público, mais bonita e mais selecionada. Para você ter ideia, a galera aqui passa natal e ano novo nessas discotecas, carnaval, páscoa, tudo!

E vou te contar: é diferente demais. O meu primeiro ano novo em Portugal eu passei dentro de uma dessas discotecas. Um amigo meu que é DJ aqui tem uma empresa de promotores. Sou amigo dele. No natal ele me mandou uma mensagem.

falou que tinha um trampo pra mim pro dia 31/12/19. Eu falei que aceitava, e ele me pediu para deixar ele explicar primeiro.

Ele falou que era para mim me vestir de urso e ficar por uma hora e meia agitando a festa. Perguntou se eu tinha coragem e tal, e explicou que o rapaz que fazia esse trampo pra eles não iria poder ir nessa data. Fiquei ansioso só de ouvir aquela proposta. Falei que topava e fui.

Cara, eu nunca vi nada igual. Eu pensei que não iria ter muita gente porque era reveillon. Que nada! O lugar ficou lotado. Todo mundo bem vestido. Tinha nego até de terno lá dentro. Fora do meu comum. Na minha cabeça, nego vai pra balada pra pegar mulher e curtir a festa. Lá não. Balada lá é evento. Eu fui me vestir de urso Ted e fiz um trampo tão bom que eu fiquei no lugar do cara que fazia esse urso

Essa foto aí foi na noite de réveillon que te falei. Que doideira! Nunca imaginei que iria passar a virada de ano dentro de uma balada e vestido de urso.

Comecei a trabalhar com eles nos finais de semana, sempre em uma discoteca diferente. Detalhe: eu trampava uma hora e meia geralmente. Depois que eu tirava a roupa de urso eu ficava no camarote, com direito a bebida e tudo. E essa agência que eu trabalhava tinha um tipo de contrato com uma rede de discotecas chamada ESKADA, nada mais nada menos que a melhor discoteca da cidade.

Tinha festas de terça a domingo e nos dias em que eu não fosse trabalhar eu podia entrar de graça. E isso era uma baita vantagem, já que a entrada dessa discoteca era a mais cara da cidade: algo em torno de € 20 a € 25 euros dependendo do dia. E vai por mim: isso aí é caro.

Essa rede de discotecas ESKADA que por ironia do destino tem uma na frente do meu ap. Eu costumava ir nas quartas-feiras, já que a minha folga do restaurante era na quinta-feira. Assim eu não tinha que me preocupar com o horário pra dormir. Eu tinha ido tantas vezes como Ted nessa discoteca que o doormen ficou meu amigo.

Quanta sorte, hein? Entrada free e amigo do doorman. Quais vantagens em ter um contato desse? Deixa eu te explicar: o doorman ou porteiro é quem decide quem vai entrar e quem não vai entrar na festa.

Se ele achar que você não está bem vestido ou bem vestida, ele te barra de entrar. Ué, mas não é pago? É pago sim, mas se você for de qualquer jeito, não entra. Eu já vi ele barrar pessoas na entrada porque estavam com a calça rasgada no joelho. Tudo para manter o alto padrão. Sem contar que como essa é a melhor discoteca da cidade, tinha uma fila enorme para entrar.

E ficar em pé e no frio de sete graus não é bom não. Quando eu chegava, não pegava fila. Ia direto falar com ele e ele me liberava. Fiquei fazendo esse trampo do urso durante uns dois anos, mas depois fui para Bélgica e aí já não dava para conciliar. Indiquei um cara que eu conhecia para fazer o papel do urso enquanto eu estava fora, mas acabou que quando voltei da Bélgica ainda cheguei a fazer umas atuações como o urso Ted. Mas logo em seguida a agência me fez uma proposta para ser o road manager. E eu? Aceitei.

Resumidamente, eu era tipo um produtor de eventos. Ficava responsável pelas roupas, pelas meninas que iam conosco e também pelo desenvolvimento da noite em geral nos bastidores, posso dizer assim. Começamos a rodar Portugal inteiro. Fazíamos festas em Lisboa, Santarém, Setúbal e no lado norte do país é claro.

Beleza, mas tu vai terminar o capítulo sem falar como é o desenrolo com as gringas? Calma, vou falar sobre isso mais à frente.

Pensamentos: Não tenha vergonha, a vida são dois dias.

Espanha em menos de 24 horas

Você já deve ter ouvido que uma hora não é uma hora. Tem algo a ver com a teoria da relatividade de Einstein. Vou te dar um exemplo simples: quando você passa uma hora fazendo algo que você gosta, parece que não passou um minuto; já quando você passa uma hora fazendo algo chato parece uma eternidade. Dito isso vou te falar de como eu fazia uma hora não parecer uma hora. Eu tinha uma hora de intervalo no trabalho e nessa uma hora eu comia, ia treinar, tomava banho quando dava tempo e voltava para o trabalho. Claro que às vezes eu me atraso uns 10 minutos, mas deu para entender que eu fiz isso tudo em uma hora?

Dito isso, vou te contar como eu fui para Vigo, uma cidade que fica na costa noroeste da Espanha, e depois fui para Madrid, a capital da Espanha que fica bem no centro do país, tudo isso no mesmo dia, em menos de 24 horas. Deixa eu explicar melhor para você entender.

Na manhã de Natal, dia vinte e cinco, eu acordo com o celular do Luiz tocando na sala. Em seguida ele me chama e fala que surgiu uma carona de ida e volta para a Espanha. O pessoal que ligou para ele precisava de mais duas pessoas para ajudar a cobrir o aluguel de uma minivan. E eu e o Luiz precisávamos ir à Espanha por motivos de turismo mesmo kkkkkkk Na hora perguntei quanto a gente iria gastar e ficou algo em torno de € 45,00 euros.

E fomos encontrar com o pessoal, nas pressas já. Nem banho pra sair a gente tomou. Trocamos de roupa, preparamos as mochilas e partimos. Isso era mais ou menos às 08:00h da manhã. Encontramos com a galera e fomos rumo a Vigo. Era uma viagem relativamente rápida. Demoraria cerca de 2h para chegar em

Vigo de acordo com o Google Maps. E chegamos lá dentro da previsão.

Conheci aquela linda cidade, cercada pelo mar, uma cidade portuária. Visitei um forte local. Foi incrível. Essa foi a minha primeira viagem para fora de Portugal. E foi engraçado porque foi apenas uma viagem de 2h e as pessoas falavam uma língua diferente da minha. Doideira.

Passamos pouco tempo lá porque era feriado e o comércio local estava fechado. Na hora de voltar, o cara que estava dirigindo teve a ideia de ir para Madrid. Mano, isso era 14h da tarde e no outro dia todo mundo iria trampar. Estamos falando de quase 700 km de minivan. Isso iria dar mais ou menos 7h às 8h para chegar lá sem contar com a volta para Portugal.

Chamei o Luiz e falei: Mano, a gente só vai entrar no trampo no meio-dia de amanhã. Na pior das hipóteses a gente vai trampar sem dormir. Ele topou e fomos todos rumo a Madrid. Saímos da Galiza e passamos por várias cidades da Espanha. Até que em Zamora, uma cidade pertencente à comunidade autónoma de Castela e Leão, meu estoque de comida já tinha ido pro saco.

E não só o meu. Pensa comigo: geral tinha se programado para uma viagem relativamente rápida e que de última hora mudamos drasticamente os planos. E não tinha nenhum comércio aberto por conta do feriado. Comecei a procurar um fast food no Maps e o único que estava aberto era no centro em Madrid. Resumindo: tínhamos que esperar até o destino final sem falar que se nós parássemos para comer iria atrasar a nossa viagem mais ainda.

Finalmente chegamos em Madrid. E eu saquei que geral ali só queria ir para Madrid. Eu falei sobre o estádio do Santiago Bernabéu e eles nem sabiam o que era isso. As mulheres queriam ir no shopping ou algo assim. Pensei comigo mesmo: tô indo para Madrid e não vou conhecer o Bernabéu? Perguntei em qual celular estavam usando o GPS e o cara do banco da frente falou que era no dele. E eu que não sou bobo nem nada pedi o celular dele para ver se estava com o destino certo. Ele me deu o celular e eu alterei as coordenadas para o Estádio do Real Madrid. Devolvi o celular e ainda dei uma bronca nele.

- Estava errado, mano. Se eu não tivesse visto isso, não teríamos chegado ao centro da cidade. Há até um shopping lá; se tivermos sorte, vamos encontrá-lo aberto.

.

Quando as mulheres ouviram falar em shopping, quase surtaram. Elas terminaram de dar uma bronca no cara, e eu só conseguia sorrir no banco de trás. Que mané shopping!

O GPS nos levou ao estádio do Real Madrid. Nossa, que sensação boa! Eu só via aquele estádio pela TV e agora estava lá. Tirei umas mil fotos, parei de fazer stories e desfrutei do momento. Que sonho!

Enquanto Luiz tirava uma foto minha na frente do estádio que estava em obras, dois seguranças perguntaram o que estávamos fazendo ali. Notei pelo tom de voz deles que não eram amigáveis e queriam confusão. Luiz não percebeu isso, e eu, que não sou de abaixar a cabeça facilmente, respondi:

- Estamos tirando fotos. Qual é o problema?'

Ele me olhou e não gostou nem um pouco do jeito que eu falei. Disse:

- Não podem ficar aqui, é um local de construção.

Saímos do local e vi quando o outro segurança disse algo como 'Eles já estão de saída.' Perguntei a Luiz se ele tinha percebido o que aconteceu e ele disse que não. Comentei com ele que os espanhóis são meio agressivos e gostam de confusão.

Comecei a procurar um fast food no maps e vi que tinha um Burger King bem ao lado do estádio. Fomos comer lá; eu estava morrendo de fome e pedi logo dois menus completos. Dois combos deram algo em torno de 15 euros, se não me engano.

.

Enquanto eu estava comendo, olhava para o lado e via o Estádio do Real Madrid. Foi surreal! Eu estava comendo no Burger King na Espanha, em Madrid, e ao lado do Estádio do meu clube espanhol. Sou grato ao Senhor por isso. Muito obrigado, meu Deus!"

Luiz, Kelvyn e eu.

Santiago Bernabéu

"Se você parar para pensar, eu estava vivendo tudo o que queria, tudo o que tinha planejado e sonhado. Meses atrás, eu estava arrumando shampoos nas prateleiras do mercado onde trabalhava, sonhando em colocar a mochila nas costas e explorar o mundo."

Tiramos mais fotos e depois decidimos voltar. Devido ao horário, paramos em um posto de gasolina e completamos o tanque com cerca de 60 euros. #partiu Portugal!

Chegamos em Portugal por volta das 08h ou 09h da manhã. Fomos dormir às pressas sem tomar banho, já que cada segundo de sono seria precioso. Acordamos em cima da hora para trabalhar e não tivemos tempo de tomar banho. Já sabe onde eu quero chegar, né? Esse capítulo deveria ter o subtítulo de 24h sem banho.

Essa é a foto da seção que eu era responsável há alguns meses atrás. Sugiro que você acredite e trabalhe nos seus sonhos...

Pensamento: A dúvida, quando usada da forma correta, nos leva à certeza.

Capítulo 6 Já aprendeu a dizer não?

O dia a dia me obriga a aprender sobre adaptabilidade. Sabe o camaleão? Estou conseguindo melhorar a minha personalidade em todos os sentidos. Estou conseguindo controlar alguns impulsos desnecessários e ativar alguns necessários.

Como assim? Sabe aqueles impulsos que, quando temos, fazem mal a nós mesmos ou a alguém? Vou te dar um exemplo:

Seu amigo te pede um tênis, mas você não gosta de emprestar os seus tênis. Mesmo assim, você diz 'SIM' só para não ficar mal com ele e acaba ficando mal consigo mesmo. Falei algo parecido em alguns capítulos anteriores e você sabe que isso não é bom. Esse é um exemplo de impulso que não deveria ser tomado.

Nós somos ensinados a pensar no próximo, a nos colocar no lugar dele. Isso se você veio de um bom ambiente e foi bem educado pelos seus responsáveis. Isso é muito bom, na verdade de extrema importância para a humanidade. Mas esse sentimento de empatia não pode ser confundido com covardia.

Atenção, as palavras que você vai ler ou ouvir agora são de alta periculosidade! E não podem ser mal entendidas.

Você tem que pensar em você também. Se não quer emprestar o tênis, não empresta e pronto! Não fica pensando demais no outro. Você também tem que ter o seu bem-estar.

Te chamaram para um lugar que você não quer ir? Não vai! Não quer receber visitas hoje? Não recebe! Você tem que ter o seu momento. Aprenda a hora de dizer sim e a hora de dizer não.

Oração: Abba, Abba Pai :) Papai, peço perdão por cada vez que errei com o Senhor. Abba, eu te amo! Sei que muitas vezes a minha forma de viver diz o contrário. Não é que eu te ame do meu jeito, não é isso. Quero melhorar dia após dia, quero ser um bom filho para o meu Pai, meu Abba. O Senhor é bom o tempo todo e o tempo todo o Senhor é bom. Os teus feitos me tornam feliz e eu canto de alegria pelas coisas que fazes. O Senhor é incrível! O tempo todo o Senhor pensa em mim, cuida de mim, me direciona. Como é bom ser teu amigo e te conhecer de perto! Certamente te conhecer de perto é outro nível.

The time.

Sou apaixonado pelo tempo e acredito que todos deveriam se espelhar nele quando querem atingir um objetivo.

Pensando um pouco sobre o tempo: o tempo não para. O tempo não espera por ninguém; ele simplesmente passa... Nada o altera.

O externo não altera o tempo; ele simplesmente faz aquilo que ele tem que fazer. De madrugada ele está passando; pela manhã ele está passando; durante a tarde? Com forte chuva, ele ainda está passando; ele não fica cansado; não tira férias; ele não para!

Já pensou nisso? As estações têm um tempo determinado: primavera, verão, inverno… tudo tem o seu tempo. Mas o tempo não para!

E como eu poderia ser igual ao tempo? Nós deveríamos nos espelhar nele quando queremos algo: levantar todos os dias como se fosse o último dia da nossa vida, correr atrás daquilo que a gente quer como se só existisse aquilo e mais nada, ser disciplinado, ser pontual. No dia ruim levantar, no dia bom levantar também. Se conseguirmos fazer isso, então seremos implacáveis.

"Pensamento: Quer jogar na série A? Ande com quem está lá.

Bota casaco, tira casaco, bota casaco, tira casaco.

Você deve conhecer essa cena do filme Karatê Kid, com Jackie Chan e Jaden Smith. O Sr. Han fica mandando o Dre colocar o casaco e tirar o casaco, e o Dre não entende por que ele tem que ficar fazendo isso. Parece sem sentido algum, até que depois de um tempo o Sr. Han mostra qual a utilidade daquilo para o Dre.

Quando eu era criança, eu e meus irmãos tínhamos deveres em casa. Cada um era responsável por um setor. Minha irmã, por ser a mais velha, era responsável por cuidar de mim e do meu irmão e também pela cozinha.

Meu irmão tinha que arrumar a cama dele e da minha irmã, ele também tinha como dever encher as garrafas de água e levar o lixo para fora. Meu dever era arrumar a cama dos meus pais e cuidar do terreno. O terreno dava trabalho porque era grande e tinha árvores; tinha que ser varrido todos os dias. Mas a tarefa que mais me irritava era arrumar a cama dos meus pais.

Não sei como aquilo conseguia ser tão irritante para mim; eu ficava realmente estressado com aquilo. Meus pais falavam que aquilo era para nos educar e que seria útil um dia, e eu fazia igual ao Dre do filme Karatê Kid: não entendia como aquilo iria ser útil para mim um dia.

O tempo passou e aquilo que era obrigação virou costume; era como beber água. Onde quer que eu e meus irmãos passássemos, as pessoas comentavam:

'Nossa, como vocês são organizados, educados.'

Às vezes quando íamos dormir na casa de alguém, antes das pessoas acordarem, eu e meus irmãos já tínhamos levantado e arrumado nossas camas. Era um hábito.

Mas o que isso tem a ver com a situação? Vai ficar se gabando de ser educado e organizado? Eu te contei essa historinha do filme para você entender o final dessa história.

Meu segundo ou terceiro emprego foi trabalhar no Airbnb, e adivinha? Eu tinha que arrumar camas. Obrigado mãe, obrigado pai! 'O bota casaco e tira casaco' foi útil sim.

.

Oração: Pai, Senhor, peço perdão por cada vez que falo mal do Brasil. Não é que eu fale mal; é que comparando o Brasil com a Europa, o Brasil fica mal.

Barra de chocolate, pausa. Apartamento.

Um dos meus sonhos de criança era comer uma barra de chocolate inteira. O tempo passou e isso deixou de ser um sonho. Um dia eu lembrei desse meu sonho de criança e comprei uma barra de chocolate."

PAUSA! Já já eu volto com esse raciocínio. Acabei de pegar as chaves do meu primeiro apartamento. Deus é bom demais!"

"O meu primeiro apartamento é na Europa! Um sonho se tornando realidade! Abba, tu és incrível. O Senhor sonhou coisas para mim que eu jamais sonharia, nem em meus melhores sonhos eu poderia imaginar! E veio na hora certa. Esses dias um maluco, e não pense que é uma gíria, um maluco mesmo, escapou de levar umas tapas. Eu vou contar e você não vai acreditar:

Esses dias chegou um cara novo no hostel, do sul do Brasil. Já estou no hostel há bastante tempo e já aprendi a não dar confiança a quem é novato.

Pensa comigo: as pessoas que vêm parar aqui, no hostel como esse, ou são pessoas com pouca grana em busca de um trampo, ou são drogados bancados por alguém ou são foragidos de algum lugar. E acredite, o que mais tem é nego fugindo de alguma cagada que fez. Então já sabe né, não confie em ninguém que mora em hostel. O cara chegou todo assustado. O tempo passou e ele foi ficando mais comunicativo. Eu chegava no hostel tarde da noite, por volta das 00h mais ou menos, tomava banho e ia comer, sempre.

Um dia esse cara, que tinha quase a minha idade, não tinha comida. Eu dei um iogurte a ele e lhe ofereci comida. Mas o cara tinha cara de playboy mimado, se vestia bem entre aspas, mas estava sem grana. Ou fez merda ou não deu sorte. Como isso não é da minha conta, dividi uma refeição com ele. Trocamos uma ideia e desde então o cara era de boa. Mas desconfiado que só eu, nunca confiei naquele maluco.

Umas semanas depois ele saiu do hostel. Só que o problema é que quando ele estava de saída definitiva do hostel eu estava lá de folga. Quando o maluco me viu, ficou todo desconfiado e foi embora. Eu e meu senso de desconfiança achamos estranho e na hora eu fui verificar minhas roupas, meus tênis, objetos de valor. Como eu morava em um hostel que não tinha armário com cadeado, eu tinha tudo contado. Eu sabia quantas camisas eu tinha, quantas calças eu tinha porque se alguém roubasse eu identificaria fácil.

Bem, fui conferir minhas coisas e estava tudo certo. Só que eu reparei que um tênis meu não estava como eu costumo deixar. Quando peguei o tênis para conferir, o tênis estava todo riscado. Filho da mãe riscou meu tênis da Fila! Eu tinha acabado de comprar.

Desci e fui atrás dele. A galera do hostel percebeu que eu saí preocupado e saíram atrás de mim. Rodei atrás desse cara até desistir e decidi voltar para o hostel. Quando fui entrar no hostel decidi procurar mais um pouco e achei o maluco esperando um táxi.

Não tive dúvida: parti pra cima dele e tomei os tênis dele. Foi mais por honra, tá ligado? Mas o maluco tinha as chaves do hostel. Fiquei na neura dele voltar e pegar de vacilo.

Aí Deus me abençoou com esse apartamento. Deus é bom o tempo todo e o tempo todo Deus é bom.

.

Voltando para a barra de chocolate... Um belo dia lembrei daquele meu sonho de criança e comprei uma barra de chocolate. Detalhe: isso foi no Brasil e faz muito tempo.

Comprei a barra e enfim iria comer a barra sozinho. Comecei a comer e enjoei; na verdade perdeu a graça; eu queria dividir ela com alguém; com meus irmãos ou meus pais.

Foi aí que aprendi que certas coisas não são tão legais e saborosas sozinhas.

Pensamento: *Compartilhe coisas boas.*

Capítulo 7 Cala a boca !!!

Me sinto sem tempo para perder; sem energia para gastar com coisas fúteis; tenho falado menos e ouvido mais; é algo que já estou automatizando.

As pessoas que eu admiro fazem isso. Meu pai é um grande exemplo. Ele é um homem de poucas palavras, mas não se iluda. Dito isso, não significa que ele seja sério demais ou calado demais. Ele brinca até demais.

Porém, quando o assunto é sério, ele sabe a hora de falar e a hora de ouvir. Eu aprendi com ele que eu não tenho que responder tudo. Para honrar o nome desse capítulo, eu encerro esse capítulo aqui.

Oração: Paizinho, visita a Isabella. Dá um abraço nela por mim. Visita minha mãe, visita meu pai. Dá um abraço neles por mim. Visita minha irmã e meu irmão. Cuida deles. Amém."

Que doideira! Estou aqui no restaurante, na parte térrea. Nesta sala, há cerca de 18 mesas e o movimento está meio parado agora. Cada sala tem duas TVs. Pare para pensar: não podemos mexer no celular, nem ficar sentados. Só nos resta a TV, que só passa jornal ou jogo de futebol. Agora, está passando o jornal da tarde. São 16:00 horas e o jornal está falando sobre um surto de um vírus na China. Parece que alguém comeu sopa de morcego e deu errado. Esses chineses são loucos.

Um milhão!

Calma, enquanto escrevo este livro, ainda não fiz um milhão de euros ou de reais… ainda. Estou começando um novo negócio. Vou fazer um tipo de dropshipping. Eu queria importar mais, mas não sabia como fazer e também teria que ter mais dinheiro. Então decidi usar alguns sites como AliExpress e Wish para comprar produtos direto da China e vender para qualquer lugar.

Peguei essa visão conversando com o @luiz.nmd, garoto bravo nas ideias. Estou empolgado com esse novo negócio. Vou entrar em contato com alguns fornecedores da China e hoje mesmo já farei algumas compras. negócio.

O segundo passo é falar com os contatos que tenho no Brasil, bons vendedores. Estou estruturando o meu negócio. O engraçado é que tenho mil coisas para resolver, porém ajo como se não houvesse nenhuma. E não, não é irresponsabilidade, é frieza e foco.

Um milhão, esse é meu foco atual. Eu vi um cara que antes dele fazer o primeiro milhão dele, ele colocou essa frase em todo lugar: na parede do quarto, na imagem de fundo do celular… Em todo canto que ele olhava estava escrito: 'Vou fazer um milhão!' Foco, foco, foco. Sem distração.

O que você quer? Você realmente quer? Já deixou isso claro para o universo? Para o mundo? Já deixou isso claro para você? 'Vou fazer um milhão', 'vou ter uma família feliz', 'vou ser uma pessoa feliz', 'vou emagrecer', 'vou ficar forte', 'vou ser melhor'… Não interessa! Deixe bem claro para você o que você realmente quer e não pare até conseguir. Imparável!

Pensamento: *Just do It!*

Seja você e lembre-se de quem você é.

Já faz um tempo que venho trabalhando, praticando e exercendo a minha personalidade; moldando, aperfeiçoando, adquirindo e somando. A cada dia que se passa eu chego mais perto do meu EU, do EU que eu quero ser, entende? Nós podemos ser quem nós quisermos. Eu escolhi ser a minha melhor versão. Eu escolho ser eu.

  Ser quem nós realmente somos é uma bênção, um talento. É lindo demais ser você mesmo! Dito isso, não significa que você tem que ser 100% por você… Hein? Eu não entendi! Tenho que ser eu ou não?

Tem! Deixa eu explicar uma coisa antes: vamos pensar em você… Vamos supor que você é 60% estressado e 40% legal…

Algo tem que mudar?

Vamos pensar em uma casa que está bem situada, tem um belo terreno, uma boa vizinhança... Mas a casa precisa de uma reforma: derrubar algumas paredes, fazer mais um andar, construir uma garagem... Passado um tempo a reforma terminou e está tudo novo: novos cômodos, um novo andar... Até uma garagem nova tem! A casa é a mesma, porém com coisas diferentes.

Você pode mudar para melhor e continuar sendo você mesmo.

Trabalhar na nossa personalidade não é algo fácil! Você sempre ouve alguém falar: 'Seja você mesmo!' Mas isso não é algo fácil! Falo por mim... No meu caso, eu tenho que estar constantemente me lembrando disso dizendo: 'Seja você mesmo Matheus.' Às vezes me pego sendo o que ambiente espera que eu seja ou as pessoas... E rapidamente eu me lembro disso: 'Seja você mesmo.' Dito isso, não significa que você não deve se adaptar ou se deixar levar por certos ambientes ou pessoas. Cabe a você saber se isso é bom ou não. O problema de deixar de ser você e passar a ser o outro é que geralmente o outro não é um bom exemplo.

Oração: Pai, obrigado por mais um dia, obrigado pelo deitar e pelo levantar, obrigado por esta manhã, obrigado pela luz do sol, obrigado pelo vento que bate em meu rosto, obrigado pelo mar e pelos céus, obrigado por preparar um dia tão lindo quanto este. Amém.

Zona de conforto

Adivinha o que é que tem fora da zona de conforto?

Desconforto. Eu sempre soube que fora da zona de conforto, aconteciam coisas incríveis, sabia também que aconteciam mudanças drásticas, E a primeira coisa que acontece quando você sai da zona de conforto é se assustar e ficar com medo de tanta coisa nova, no meu caso, às vezes quando eu sentia medo, e quando você sente medo você lembra da sua zona de conforto, aquele lugar tranquilo e calmo, imperfeito mas seguro, talvez não tão calmo, mas ali é a sua zona de segurança, eu lembrava da minha zona de conforto e eu ouvia uma voz dizendo:

- Que que tu tá fazendo aí? volta pra casa

E de contrapartida eu ouvia:

- - Você quer voltar para lá? você pode, mas deixa eu te falar algo antes, nada de novo acontece lá, coisas repetidas só te levam ao mesmo lugar, tá com medo? Tá assustado? não sabe o que fazer?

Perfeito ! Esses são os sintomas de quem está no caminho do sucesso !

Pensamento: Nunca desista a menos que não valha a pena!

Como morar sozinho?

Antes de começarmos a falar sobre isso, quero destacar uma coisa importante. Quando você encontra um brasileiro fora do país, a relação é mais ou menos como se vocês estivessem na guerra juntos. Pense que vocês já têm muita coisa em comum: estão fora do país, começando ou recomeçando a vida, procurando trabalho ou trabalhando muito, passando pelos mesmos problemas de imigração, tais como saudade, medo, felicidade ou até mesmo frustração.

Você está em um ambiente onde nada é comum para você. Literalmente tudo é diferente: as pessoas, a cultura, a culinária... tudo! Aí você encontra um brasileiro ou alguém do seu país no meio desse deserto, posso dizer assim. Fiz algumas amizades que hoje não temos mais tanto contato como antes, mas posso te garantir que o elo ainda é forte. Afinal, fomos para guerra juntos.

Lá no hostel onde morei fiz amizade com muita gente. Uma dessas amizades foi o Brenno, um angolano que estava aqui em Portugal tentando se profissionalizar como jogador de futebol. Antes que eu termine esse livro ele vai conseguir. Um amigo meu que morava lá no hostel também, o Douglas ou DG. Crescemos juntos em Paulista/PE e por situações da vida nos distanciamos. Até que um dia ele me mandou mensagem no Instagram perguntando como era a vida aqui e falando que estava pensando em vir. E veio!

Então essa era a minha turma: eu, o DG, o Luiz e o Brenno. Peguei o apartamento só que para pagar o aluguel sozinho iria ficar caro. Detalhe: a forma como esse apartamento veio para mim foi surreal! O Senhor Deus é muito comigo! Vou te explicar: como vocês já sabem eu acabei brigando com um cara lá no hostel e morar lá se tornou perigoso. Além disso, eu planejava trazer a minha namorada e meu(a) filho(a) o mais rápido possível, então eu precisava de um lugar urgente.

Fiz amizade com um cara que trabalhava lá no Conga, um brasileiro muito gente boa. Eu conversava sobre algumas coisas com ele e falei que estava precisando de um lugar para ficar porque queria trazer minha namorada e meu(a) filho(a). Uns dias depois ele me liga dizendo que iria sair do apartamento onde ele estava e pensou em mim falou que o valor do aluguel era baixo e que a proprietária era gente boa também.

Perguntei o valor do aluguel e ele disse que eram 350 euros por mês. Surtei! Afinal estamos falando de um apartamento T1 no centro do Porto! Isso foi mais ou menos em agosto/setembro marquei uma visita para conversar com a proprietária e contar a minha história fui lá conversar com ela e falei que queria o apartamento ela me pediu duas cauções ou seja 700 euros.

Eu estava em Portugal há cinco meses mais ou menos, só havia recebido uns 4 salários, no máximo.

Eu até tinha esse dinheiro na conta mas era tudo que eu tinha. Falei que queria mesmo assim, afinal eu precisava mas e depois? E as contas? Agora é só dar um jeito.

Reuni os meninos e falei que peguei um apartamento e que se eles quisessem morar comigo até que Bella e o meu(a) filho(a) chegassem. Eu iria cobrar o mesmo valor que eles pagavam no hostel, ou seja, 160 euros com tudo incluso.

O DG e o Brenno aceitaram na hora. Afinal, eles pagavam 160 euros por uma cama, tinham direito a usar tudo da casa: cozinha, sala, banheiro… Mas e a privacidade? Era zero.

O Luiz não foi morar conosco porque ele não morava em hostel, ele morava na casa de um outro amigo. Recebi o pagamento dos meninos e já tinha recuperado 320 euros. Ufa! Já não estava mais no vermelho.

:

Pensamento: O como vem depois.

.

Fui pegar a chave do apartamento na mesma semana e quando encontrei com a proprietária, ela disse que ficou pensando na minha história e sentiu de Deus que era para me devolver um dos cauções que eu havia lhe pago.

E me devolveu 350 euros. Na minha conta bancária agora tinha 670 euros, ou seja, quase tudo que eu havia pago. Deus é bom demais.

Ficamos morando lá no apartamento que batizamos de 'Turtle House'. Não me pergunte o porquê.

Aquilo abriu a minha mente. Pensei: 'Por que nunca fiz isso no Brasil?' Eu sempre quis morar sozinho, mas no Brasil era algo muito caro. A não ser que fosse dividido, mas eu nunca tinha pensado nisso.

Então fica uma dica para você que quer sair da casa dos seus pais: alugue uma casa ou um apartamento e procure um ou dois amigos para dividir as despesas. Vocês vão ter o lugar de vocês e isso vai fazer você amadurecer bastante.

Pensamento: Leia o livro de provérbios.

:

Capítulo 8 Porque a Bella não veio antes?

Juntei toda a grana que tinha para começar essa viagem, vendi o carro do meu pai que estava financiado e peguei minha rescisão do trabalho. Juntando tudo, fiquei com uns R$16.000,00 reais mais ou menos. Lembra que meu pai tinha acabado de ser demitido? Então, tínhamos algumas contas atrasadas. Peguei uma parte dessa grana e quitei as dívidas mais importantes, e usei uma parte para me manter no Brasil enquanto não viajava. Detalhe: se alguma dessas dívidas comprometesse a minha viagem, eu não pagava.

O investimento que fiz para vir para Portugal na época foi algo em torno de R$9.000,00. Gastei uns R$4.400,00 com a passagem, que foi cara porque na hora que fui comprar, optei pela opção que eu poderia alterar a data de volta sem custos adicionais. Afinal, eu não sabia o que me esperava e tinha que vir pronto para tudo. Comprei 1.000 Euros. Na época, comprei o euro por mais ou menos 4.80, se não me engano, mas não foi mais do que isso.

O que quero dizer é que eu não tinha mais grana para bancar a passagem de Bella sozinho. A família dela estava brava comigo e os meus pais estavam no meio de uma crise financeira.

:

Além do dinheiro da passagem, eu ainda teria que alugar um apartamento bem mais rápido e pagar tudo sozinho porque eu não iria dividir a casa com os meninos e iria chegar um momento em que ela não iria poder trabalhar.

Sem falar que aqui ela não iria ter o apoio que teria no Brasil. E outra: era o primeiro neto das duas famílias. Se ela viesse para cá só para ficar perto de mim, seria um preço muito alto e não estou falando só de dinheiro. Ainda tinha o risco de ser barrada na imigração.

Cara, nessa época em que vim, eles estavam barrando muitos brasileiros em Lisboa e eu ainda não sabia do lance da Espanha. Que lance?

Aqui na Europa funciona da seguinte forma para os brasileiros: você não precisa tirar o visto no Brasil para uma viagem de turismo à Europa. É só ter o passaporte, passagem de ida e volta, seguro viagem, uma reserva em hotel e euro na conta. Só que como muitos brasileiros estavam imigrando para Portugal com a pretensão de ficar, eles começaram a apertar na hora da imigração em Lisboa.

Na semana em que iria viajar, um colega meu que estava em um grupo de WhatsApp em Portugal me ligou e falou para eu não fazer o trajeto por Lisboa porque eu seria barrado. Falei pra ele que já tinha comprado a passagem e agora já era.

Iria dar certo! O erro que muita gente comete é se arrumar demais para viajar. Teve cara lá no hostel que viajou de terno para não chamar a atenção e acabou chamando a atenção justamente por isso! O cara não tem um carimbo no passaporte, o passaporte foi emitido há poucos dias e o cara está viajando parecendo que planejou essa viagem a vida toda... Tem algo errado aí!

Eu acompanhava muitos viajantes pelo YouTube: pessoas que voavam todo mês ou toda semana e eles se vestiam de forma extremamente confortável! Ninguém quer passar sete horas dentro de um avião vestido de terno ou com uma roupa desconfortável.

O meu 'aerolook' foi esse: calções, meias, chinelo e um casaco moletom. Minha mochila estava com um tênis pendurado e uma GoPro. Se você me visse iria achar que eu já tinha voado umas mil vezes, mas esse foi o meu primeiro voo.

Chegando na imigração, essa foi a conversa:

Agente de imigração:
• Bom dia, qual o motivo da sua viagem?
Eu:
• Turismo.
Agente de imigração:
• Tem reserva em hotel?
Eu:
• Não.
Agente de imigração:
• E onde vai ser a sua estadia?

Eu:
- Vou ficar na casa de um amigo.

Agente de imigração:
- Tem carta convite?

Eu:
- Tenho.

Agente de imigração:
- Quero ver.

Mostrei a carta convite para ele. Daí pra frente, ele começou a me perguntar várias coisas: se eu tinha seguro viagem, passagem de volta, quanto em dinheiro eu tinha, de onde eu conhecia esse amigo português. Falei que tinha tudo o que ele pediu e ele pediu para ver cada um desses documentos. Perguntou se podia ligar para o meu amigo e eu disse que sim.

Nesse meio tempo, uma agente que estava do lado dele se meteu e falou assim:
- Qual ponto turístico você vai visitar na cidade do Porto?

Eu:
- Estádio do Dragão, Mercado do Bolhão e aquela ponte lá.

Agente de imigração que se meteu:
- Que ponte? Tem que dizer o nome da ponte.

Eu:
- O nome é João alguma coisa, Luiz eu não sei. Só sei que é uma ponte bonita que quero visitar.

Agente de imigração que se meteu:
- Tem que dizer o nome da ponte. Como você viaja sem saber o que vai visitar?

Eu:

- O nome da ponte eu não vou lembrar e também não vou me esforçar. Se eu conhecesse tudo no seu país eu não viria. Só estou aqui porque não conheço nada e quero conhecer.

Agente de imigração que se meteu:

- Tem que falar o nome da ponte ou não sai daqui!

Fiz uma cara de quem não estava gostando daquela situação. Apesar de estar morrendo de medo por dentro, eu me comportei literalmente como um turista. Um turista nunca iria aceitar passar por aquilo. Para para pensar: você planeja uma viagem, compra passagem, reserva o hotel ou tem uma carta convite e quando chega no país o agente de imigração te trata como uma pessoa que quer imigrar e ficar ilegal.

Com um turista isso não rola e eu coloquei na cabeça que eu era um turista. Mandei eles me entregarem os meus documentos e disse assim: - Peraí, não estou entendendo o que está acontecendo. Venho conhecer o seu país e sou tratado assim? Façam o seguinte: me entreguem os meus documentos porque eu mesmo não quero ficar aqui. Vou comprar uma passagem agora para outro país.

Eles olharam um para o outro e o agente de imigração carimbou o meu passaporte com o visto de entrada e disse assim:

'Você é muito esperto. Bem-vindo.'

Cara, eles não poderiam me barrar legalmente de entrar em Portugal. Eu estava com tudo certo. O que eles queriam ver era se eu iria me entregar ou confundir com alguma informação, o que não aconteceu, graças a Deus.

Sabendo dos riscos da Bella ser barrada, eu não poderia arriscar. Sim, mas qual é o lance da Espanha? Quando você viaja para a Europa, a imigração é feita no primeiro país que você pisa, independente de ser o seu destino final ou não. Vamos supor que eu estivesse em Lisboa apenas por conta da escala/conexão. Quando o agente de imigração me perguntasse o que eu estava fazendo ali e eu respondesse que estava ali apenas por conta da escala do meu voo, ele provavelmente iria carimbar o meu passaporte e liberar a minha entrada sem burocracia. Mas e se você ficasse ilegal na Espanha? Na cabeça do agente de imigração, aí já é um problema da Espanha, não de Portugal.

Muita gente começou a fazer isso. Como eles faziam? Compravam uma passagem para Espanha com escala em Portugal e quando chegava na hora da imigração eles diziam que só estavam ali de passagem. Muitos deles voltavam da Espanha para Portugal de ônibus e muitos nem chegavam a ir para a Espanha porque depois que você passa da imigração você pode sair do aeroporto.

Só que aí os agentes portugueses se ligaram nisso e começaram a tratar voos de brasileiros para a Espanha como voos para Portugal. Resultado? Muita gente barrada e um novo jeito de fazer isso. Como? Agora eles fazem ao contrário: pegam uma rota de voo Brasil, Espanha, Portugal. Quando chegam na Espanha e o agente de imigração pergunta o que eles estão fazendo ali ou qual o motivo da viagem, eles simplesmente dizem que estão de passagem, estão indo de turismo para Portugal e os agentes espanhóis liberam o visto. Mas e se eles ficarem em Portugal? Aí é um problema de Portugal.

Não é algo 100% certo, porém não conheço ninguém que já foi barrado fazendo assim e eu conheço muita gente.

O meu plano era o seguinte: vou trabalhando aqui e vou enviando grana pra ela ter uma gestação extremamente confortável, pelo menos em questões financeiras. Coisa que se eu voltasse para o Brasil não teria como. Então pensei: vou trabalhando aqui, meu visto deve sair mais ou menos em dezembro. Em dezembro eu envio a documentação para Bella e ela vem tranquilamente, sem riscos com a imigração. Fora todos os riscos de ser barrado na imigração, para mulher que viaja sozinha é ainda maior. Existe um certo preconceito ou machismo. Pare pra pensar: o seu passaporte é novo e você está viajando sozinha?

Infelizmente algumas mulheres são barradas ou sofrem mais na imigração por pensarem que elas estão vindo tentar a sorte, se é que me entendem.

Pelas minhas contas, o SEF (Serviço de Estrangeiros e Fronteiras), que é o departamento responsável por questões imigratórias aqui em Portugal, iria responder ao meu email até dezembro. Se você não sabe como é o processo para pegar o documento que te permite residir em Portugal, eu vou te explicar. Você pode solicitar o visto de trabalho estando no seu país de origem, diretamente no consulado português. Mas para isso você já precisa ter um contrato de trabalho em Portugal.

Você se candidata na sua área de interesse através do LinkedIn e conseguindo a vaga você pode solicitar o visto de trabalho. Ou então você pode solicitar o visto para procura de trabalho. O nome já é autoexplicativo e você viaja para Portugal à procura de emprego. Existem também outros tipos de visto como o de estudante e o de empreendedor. Se você pensa em migrar, aconselho você a ler sobre cada um desses vistos.

Mas vamos falar a verdade: o processo para tirar esses vistos é demorado e pede inúmeros documentos. No caso do visto de empreendedor, você precisa ter uns 30 mil na conta, fora outras exigências.

Então a maioria, digamos que 90% dos imigrantes brasileiros (tirei essa porcentagem da minha vivência e experiência), viajam com o visto de turista, já que os brasileiros não precisam de visto para entrar em Portugal.

Então eles viajam como turistas e tentam a sorte em Portugal. Só que, diferente dos outros vistos, o visto de turista não te permite residir em Portugal. Você pode ficar três meses lá e depois pode solicitar mais três meses, totalizando seis meses com o visto de turista. Os demais vistos, como o de trabalho, estudante e empreendedor, te permitem residir em Portugal e você já sai do Brasil com permissão para morar em Portugal. Com isso, você não precisa de passagem de ida e volta, reserva em hotel, carta convite e seguro viagem.

Essas exigências são apenas para o visto de turista.

'Beleza, vim como turista, vou ficar ilegal então?'

Não, só se você quiser. Existe uma brecha, proposital, para que aqueles que vinham como turista consigam se legalizar e residir em Portugal.

'Beleza, acabei de chegar como turista e decidi ficar. Qual o passo a passo?'

Você precisa tirar o NIF e o NISS e conseguir um contrato de trabalho.

Também vai precisar de uma casa, hostel ou quarto para poder morar e ter um endereço residencial. Também vai precisar comprovar que entrou em Portugal legalmente.

Mas isso você consegue através do carimbo no seu passaporte ou um comprovante de reserva em hotel dentro de Portugal. Caso você não tenha nem um nem outro, você pode solicitar através do SEF uma declaração de entrada em Portugal.

Baixa o formulário, preenche e entrega ao posto que o SEF designar. Fez tudo isso? Agora você precisa fazer a sua manifestação de interesse através do portal SAPA.

Lá você vai criar um login de acesso e vai apresentar, como o próprio nome já diz, a sua manifestação de interesse de residir em Portugal. Vou deixar aqui a lista de documentos para poder fazer essa manifestação.

Documentos e requisitos:
- Passaporte ou outro documento de viagem válido
- Comprovativo de entrada regular em território português (posse de visto válido, quando exigível, ou entrada em Portugal dentro do período de isenção de visto)
- Comprovativo dos meios de subsistência, conforme previsto na Portaria n° 1563/2007, de 11/12

- Certificado de registo criminal do país de origem
- Certificado de registo criminal do país em que resida há mais de um ano (quando não seja Portugal)
- Autorização para consulta do registo criminal Português pelo SEF
- Documento comprovativo de que dispõe de alojamento
- Comprovativo de inscrição e situação regularizada perante a Segurança Social, salvo no caso de promessa de contrato de trabalho
- Comprovativo de inscrição na Administração Fiscal
- Contrato de trabalho ou documento emitido nos termos da alínea a) do n° 2 do artigo 88 da Lei 23/2007 de 04/07; ou Promessa de contrato de trabalho celebrado nos termos da Lei; OU
- Documento comprovativo de ter constituído sociedade nos termos da lei, declarado o início da atividade junto da Administração Fiscal e da Segurança Social como pessoa singular; OU Contrato de prestação de serviços para o exercício da profissão liberal e declaração da ordem profissional comprovando a respectiva inscrição (quando aplicável)

Envio o formulário? Agora é só esperar pacientemente pela resposta do SEF. De acordo com o site oficial do SEF, eles devem responder dentro de 90 dias. Sim, mas na prática? De seis meses a 18 meses.

Eu fiz a minha manifestação de interesse em maio e estava muito confiante que o SEF iria me responder dentro do prazo de seis meses. Assim eu iria conseguir ir ao Brasil acompanhar o final da gestação do meu(a) filho(a) e regressar para Portugal com eles.

Pensamento: Exerça a sua grandeza !
Evangelho de Mateus capítulo 5 versículo 15

Capítulo 9   Vou ser pai de uma menina!

Acabei de descobrir que vou ser pai de uma menina! Estou muito feliz com isso. Na verdade, eu queria muito que fosse uma menina, mas estava certo de que seria um menino. Que coisa mais fofa, nem a conheço e já a imagino. A Bella teve uma ideia genial. Ela entrou em contato com o DG e pediu para que ele organizasse uma surpresa para me contar, já que ela iria fazer o chá revelação no Brasil e eu não estaria lá.

Ela queria que eu passasse pelo mesmo sentimento de surpresa. Detalhe: Bella articulou tudo isso, porém quem entrou em contato para contar ao meu amigo foi uma amiga de Bella, já que nem a própria Bella sabia o sexo, por conta do chá revelação que ainda iria acontecer.

O DG juntou o pessoal lá do Conga e arquitetou um plano para que eu não suspeitasse de nada. No início do dia, o Manel nos convidou para jantar ao final do expediente, o que já era normal de acontecer. Porém, quando entrei no carro do Manel, vi alguns presentes e perguntei:

'É aniversário de alguém?'

Manel respondeu: 'Não, não, isso é para a minha esposa. Segura aí.

Ele tirou uma foto minha com um dos presentes no colo, sem que eu percebesse. Até então, tudo bem. Mas quando fomos descer do carro, ele me pediu para levar os presentes. Eu perguntei se a esposa dele iria jantar conosco e ele disse que sim. Detalhe: eu não tinha como desconfiar de nada porque a Bella, até onde eu sabia, não tinha contato com ninguém dali.

Fomos jantar e mais presentes apareceram. Eu até cheguei a pensar no seguinte: 'Ah, eles sabem que eu vou ser pai e vão me dar alguns presentes de criança.' No decorrer do jantar, o Manel começou a gravar e pediu para que eu abrisse os presentes. Fui abrindo um por um e cheguei à conclusão de que era aquilo que eu estava pensando: 'Eles estão me dando presentes de recém-nascido. Ok. Sabem que eu vou ser pai e que meu(a) filho(a) vai vir para Portugal logo em seguida.' Até então, tudo bem.

Até que o Manel me fez uma pergunta:
'O que esses presentes têm em comum?'
Eu respondi: 'A cor. Todos são rosa.'
E o Manel falou: 'Então o que isso quer dizer?'
Eu respondi: 'Vocês estão torcendo para que eu seja pai de menina?'
Manel respondeu: 'Não, cara. Você vai ser pai de menina!'

Fiquei sem entender. Como eu tinha falado, a Bella não tinha contato e muito menos intimidade com qualquer um deles. Na minha cabeça, era impossível eles saberem já que Bella também não sabia. Só uma amiga dela estava aguardando o chá revelação para poder contar a todos.
Até que o DG começou a me explicar tudo e o resultado?

Caí no choro de alegria.

Tive que fazer mais uma escolha difícil

Eu estava certo de que o SEF iria me responder dentro do prazo esperado, assim eu poderia ir ao Brasil para acompanhar o final da gestação e estar presente na hora do parto. Porém, o SEF não me respondeu e minha filha estava prevista para nascer em dezembro, entre os dias vinte e vinte e cinco.

Bella me ligou. Ela já estava com o emocional abalado desde o começo da gravidez e agora ela ligou perguntando se eu conseguiria ir ou não em dezembro.

O SEF ainda não tinha me respondido. Eu enviei um email para o SEF, explicando a minha situação e pedindo autorização para ir ao Brasil. Uma coisa que eu esqueci de mencionar é que quando você está nesse processo de legalização, você não pode sair de Portugal. O SEF respondeu ao meu email e disse que eu não poderia sair do país até ter o processo de residência concluído. Na verdade, eu poderia, só que eu iria perder todo o processo.

Comecei a pensar até onde eu já tinha ido por conta do documento. Como eu estava confiante de que eu não iria voltar para o Brasil para morar, eu gastei uma grana alugando o apartamento e comprando móveis. Comecei a colocar tudo na balança. Bella queria muito que eu fosse, ela não iria aceitar que eu não estivesse lá na hora do nascimento. E eu? Eu não fui.

Perdi o nascimento e meu pai teve que registrar a minha filha por mim. Antes de me julgar, leia o livro todo.

:

.

MINHA FILHA VAI NASCER!

Dia 21/12/2019…

Cheguei em Portugal aos 21 anos de idade, no dia 21 de abril. Minha filha nasceu no dia 21 de dezembro de 2019.

Hoje, minha filha vai nascer. Estou feliz, mas sinto um aperto no peito muito grande. Estou preocupado, estou longe, não estou lá! Será que tudo que tenho feito é realmente para dar um futuro melhor para a minha futura família? Ou estou fazendo tudo isso por mim?

Hoje é um dia em que estou bastante pensativo. Pedi licença do conga, estamos em dezembro, e as empresas estão fazendo confraternização. Em dezembro é um mês que trabalhamos muito também, na verdade trabalhamos muito todos os dias. Entramos no restaurante às 11:30 e saímos às 02:00 da manhã.

Não iria ter como eu estar no restaurante hoje, não dá! Na verdade eu não queria escrever sobre isso, mas eu vim do futuro e vai tudo fluir! Pedi dois dias de folga do restaurante, folguei sexta e sábado. Hoje é sábado, dia 21 de dezembro de 2019, hoje vai acontecer a final do mundial de clubes da FIFA, Liverpool vs Flamengo. A coisa que eu mais gostava de fazer era jogar futebol, e desde que cheguei em Portugal, com esse horário do restaurante, nem jogo eu consigo assistir. E agora estou em casa, minha mulher está no hospital, com dores, e eu não estou lá

Minha irmã e a minha sogra estão com a Bella no quarto do hospital. Quero aproveitar esse momento para agradecer às minhas primas Paloma e Warninha Lira, também à minha tia Warnea e ao meu tio Josimar. Essa família foi fundamental para o acompanhamento médico, pré e pós parto. Vocês são incríveis! Muito obrigado.

Também quero agradecer a toda minha família, meus pais e meus irmãos, por todo cuidado e pelos detalhes. Também sou grato à minha avó Nalva por ter acompanhado esse momento maravilhoso e importante para todos nós, à minha mãe e ao Raphael, um irmão!

Também quero agradecer a Tilza e o Gilberto, pais da Bella, por terem estado junto com a Bella na hora do parto, e por todo cuidado pós parto. Sem esse apoio ela não iria conseguir, muito obrigado! Sou grato a todos que estiveram presentes de alguma forma.

Eu deveria estar lá, mas pessoas como eu fazem o que tem que ser feito. Antes de me julgar, leia o livro completo.

Enquanto espero por notícias, vou assistir o jogo do Liverpool vs Flamengo. Faz um tempo que não assisto futebol. Acho que esse jogo vai ter apenas um gol do Liverpool e vai ser do Firmino.

Ah, esqueci de atualizar vocês, nós já escolhemos o nome da nossa filha, ela vai se chamar Lorena.

O mais difícil não é perder a gestação, não é perder o nascimento...

O meu pai vai ter que registrar a minha filha por mim, eu queria fazer pelo menos isso.

Bella está com muitas dores, mas ainda não está na hora. É algo com dilatação, ainda não é suficiente. Estão tentando induzir o parto. Estou com medo, nervoso, eu queria estar lá agora! Sinto que poderia fazer alguma coisa. E se eles não estiverem me contando tudo? Será que está realmente tudo bem?

Oração: Abba Pai, Paizinho, te peço perdão por não estar lá agora, perdão por ser tão egoísta, mas sinto que estou fazendo o certo. Te pedi direcionamento e o Senhor me direcionou até aqui, então estou no lugar certo, onde eu deveria estar. Peço ao Senhor que abençoe a minha filha, abençoe o seu nascimento e abençoe a Isabella. Cuida das minhas meninas, Pai, que o seu Espírito Santo venha abraçar a Isabella por mim, e dar-lhes força! Que seja o Senhor a escolher a equipe médica, que seja o Senhor a fazer esse parto, e em nome de Jesus que tudo venha dar certo. Confio em ti e somente em ti, amém...

Fiz essa oração e senti uma paz tão grande que acabei pegando no sono. Sabe quando você está dormindo, mas consegue ouvir tudo ao seu redor? Então, eu estava dormindo, e lá no fundo, escutei um grito distante: "GOOOOOOOOOOOOL DO LIVERPOOL!!!" E adivinha quem marcou? O Firmino! Acordei, olhei o placar e estava 1x0 para o Liverpool.

Agora o meu telefone começa a tocar sem parar, é a minha irmã:

"Nasceu, Matheus, ela nasceu e tem a sua cara!"

Faço uma chamada de vídeo e fico tão aliviado que não consigo nem chorar. Estou chorando agora, enquanto escrevo essas páginas...

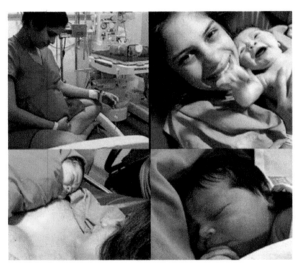

Uma das primeiras fotos que recebi da Lorena, e Bella no pós-parto, que mulher forte!
Minha filha nasceu cheia de saúde, graças a Deus, e cheia de vida. Escrevi a bênção para ela e pedi para o meu pai ler e abençoá-la por mim.

Pensamento: Todo bom filósofo se contradiz, ou é hipócrita em algum momento, afinal de tanto observar a percepção muda e o que era já não é.

CAPÍTULO 10   COVID-19

Meu irmão está vindo para Portugal!!! Como vocês sabem, minha filha acabou de nascer, e agora está mais perto da minha família vir. DG foi morar com os pais em Leiria, Brenno foi para Lisboa morar com a mãe, e Luiz está voltando para o Brasil. Ele vai fazer uma eurotrip antes de ir para o Brasil. E eu preciso de alguém de confiança aqui em Portugal, para me ajudar a fazer mais grana e executar alguns planos que tenho em mente. Liguei para os meus pais e os meus irmãos no Brasil, e falei para eles que precisava de alguém aqui comigo.

Mas Matheus, por que não levar logo a Bella e a Lorena?

Porque eu preciso me capitalizar mais, eu tenho uma grana guardada, para as passagens e para suprir os gastos assim que elas chegarem, só que não é um valor muito confortável, levando em consideração que eu estou pagando o aluguel do apartamento sozinho, e vou continuar pagando sozinho depois que elas chegarem. Creche aqui em

Portugal não é muito fácil de achar, e conseguir vaga em escolas é pior ainda, parece o pregão da bolsa de valores, é uma loucura. O engraçado é que o governo português te incentiva a ter filhos, mas o país não dá conta da pequena demanda. Digo pequena demanda, porque a coisa mais rara aqui é ver um bebê na rua, ou uma mulher grávida.

O que mais tem aqui é idoso. O governo tenta de tudo para fazer a taxa de natalidade subir. Não acredita? Vai a um mercado e vê o preço do preservativo (camisinha). É entre nove a doze euros. Não está achando caro? Com esse valor eu compro dois quilos de carne.

Falei com a minha família, o meu pai não podia vir, minha irmã não queria, minha mãe também não e o meu irmão muito menos. Mas alguém tinha que vir. Falei com eles e eles fizeram praticamente um sorteio, e sobrou pro Bebel, o meu irmão, kkkkkkk. Compramos a passagem e ele veio em fevereiro de 2020. Fui buscar ele no aeroporto e a sensação foi surreal, realização para mim. Junto com o Bebel veio o Caíque, um amigo nosso de infância.

PAUSA: COVID-19

Vocês lembram que eu falei esses dias sobre um vírus que tinha aparecido na cidade de Wuhan, que fica na China? Essa é a cidade mais populosa da China Central, com uma população de mais de 10 milhões, a sétima cidade mais populosa do país. Para você ter uma ideia, o país todo de Portugal tem cerca de 10 milhões de habitantes.

Então, esse vírus se espalhou pela Europa e já tem até alguns casos no Brasil. Na Itália, esse vírus já dizimou centenas de vidas. Parece que se você for idoso os danos são piores. Ainda não se sabe muito sobre esse vírus. Só sei que aqui na Europa só tem idoso, então isso tudo é no mínimo alarmante.

Eles estão falando em PANDEMIA. Caramba! Na minha vez de ficar rico e morar no exterior essas coisas acontecem.

Meu irmão acabou de chegar, ele e o Caíque estão morando comigo. O restaurante fechou,

Portugal acabou de declarar quarentena. Parece que esse vírus é mais perigoso do que imaginamos. Agora precisamos reduzir os gastos. Nesse período de quarentena, as empresas entraram em lay off, ou seja, as empresas suspenderam os contratos de trabalho e agora só são obrigadas a pagar metade do salário que pagavam antes. Eu estou recebendo cerca de 350,00 euros por tempo indeterminado. O Bebel e o Caíque estão com pouca grana, e as contas começaram a chegar. O valor que estou recebendo do restaurante só dá para pagar o aluguel. A grana que eu tenho guardada é para trazer a Bella e a Lorena, porém vou precisar mexer nela, já que ninguém entra ou sai de Portugal por tempo indeterminado.

Vocês lembram que eu falei que o Luiz estava voltando para o Brasil e iria aproveitar para fazer uma eurotrip? Então, um dos países que ele iria conhecer era a Itália. Quando ele chegou no aeroporto, não deixaram ele embarcar por conta da pandemia. Ninguém entra, nem sai da Itália. Ele teve que comprar um voo direto para o Brasil. Imagina se ele fica preso na Itália?

Vou contar uma coisa para você poder se situar na história. O amigo de um primo meu tinha falado comigo no Instagram, há mais ou menos um ano atrás. Ele estava interessado em vir morar aqui em Portugal e estava me perguntando como era a vida aqui...

Esses dias, ele chegou em Portugal e estava precisando morar mais no centro da cidade. Ele trocou uma ideia comigo e com o meu irmão, e veio morar conosco. Mais um para ajudar!

Se liga, a pandemia estava parando tudo, não podíamos trabalhar. Dos quatro, apenas eu estava recebendo 350,00 euros por mês.

O Bebel e o Caíque não trouxeram muita grana. O Gabriel estava com mais ou menos mil euros. Nós tínhamos que pensar rápido. Juntando tudo, nós tínhamos ali mais ou menos uns cinco meses garantidos. Cinco meses de perrengue, mas garantidos.

Quero ressaltar que esse momento da pandemia foi mais um momento de crescimento em larga escala.

- Mas pera aí, Matheus, você falou que estava sem trabalhar, gastando muito e praticamente preso em Portugal. Onde está o crescimento ou o lado bom nisso?

Se você está lendo esse livro até aqui, já notou que eu gosto de observar as coisas, e quem observa, contempla! Posso falar por mim, pelo Bebel, pelo Gabriel e pelo Caíque. O Gabriel é o cara que tinha falado comigo no Instagram. Eu também já o conhecia desde o Brasil, porém nunca fomos amigos antes disso. O Caíque é o cara que veio com o meu irmão. Ele já era nosso amigo desde o Brasil.

Nesse tempo de pandemia, todos nós crescemos bastante. Fomos obrigados a pensar rápido e a tomar decisões importantes. Criamos um laço forte. O Gabriel, que até então não era nosso amigo, se tornou um irmão para nós.

Comecei a fazer contas e a pensar no futuro. Pega a visão: Eu estava gastando as minhas economias, que já não eram essas coisas todas. Economia essa que era para as passagens de Bella e da Lorena. Porém, vou precisar mexer nela, já que ninguém entra ou sai de Portugal por tempo indeterminado.

Enviei um e-mail para o SEF, explicando a minha situação. Informei que minha filha havia nascido e que eu precisava ir ao Brasil. Além disso, expliquei que, devido à pandemia, eu precisava ir ao Brasil para reduzir os gastos, já que em breve não teria dinheiro nem para comida. O SEF me respondeu e disse que o motivo não era plausível e que eu não poderia sair do país até concluir o processo de legalização para obter a residência.

Caso eu saísse, perderia todo o processo.

Que se dane! Vou mesmo assim. Comprei as passagens para o Brasil, e o meu irmão ficou feliz da vida, ele não gostou nem um pouco de Portugal. Comprei as passagens com data para agosto de 2020, nesse meio tempo a minha filha já tinha sete meses.

Comprei as passagens mais ou menos em julho. No começo de agosto, o governo português viu que se mantivesse a quarentena, o país iria colapsar. Não dá para manter o povo em casa sem grana!

.

No início de agosto, eles liberaram as pessoas para poderem trabalhar, com todas as regras da OMS. Sabendo da possibilidade de regressar a Portugal, chamei o Gabriel e fiz um acordo com ele. Eu iria deixar ele ficar com o meu apartamento, e com toda a mobília. Ele só precisava me pagar 350,00 Euros. Agora, caso eu regressasse a Portugal, eu devolveria os 350,00 Euros para ele e pegaria o apartamento de volta. Ele aceitou, porém ele não iria conseguir manter o apartamento sozinho.

Liguei para um amigo que fiz na época do hostel, que por sinal ainda estava morando no hostel. Agora imagina, época de pandemia e você morando em um hostel? Falei com ele sobre ele vir morar com o Gabriel e ele aceitou. Mais uma vez, eu deixei a casa em ordem.

O voo para o Brasil...

Agora estou no aeroporto, estou muito feliz e muito triste. Eu quero muito conhecer e abraçar a minha filha, só não queria nessas condições. Mas… APENAS FAÇA o que tem que ser feito. Entrei naquele avião com o meu irmão e fomos rumo a Recife. Chegando lá, foi um choque de realidade. Eu passei um ano e meio fora, mas parecia muito mais. As coisas na minha cidade eram iguais ou piores.
Uns amigos meus foram nos buscar no aeroporto.

- Ué, por que a sua família não foi?

Estávamos em meio a uma pandemia, as pessoas não estavam podendo ficar no aeroporto. Então eu e o meu irmão tivemos a ideia de fazer uma surpresa para todos. Falamos com alguns amigos para nos pegarem no aeroporto e eles foram. Foi muito bom revê-los!

Eu pensei em fazer uma surpresa, mas a minha irmã pensou o mesmo. Ela falou com o Bebel, e eles decidiram fazer uma surpresa para mim.

Agora estou dentro de um carro, indo encontrar a Bella e a minha filha. Estou nervoso e ansioso...

Passei um tempo sem escrever, estava aproveitando a minha filha! Que coisa linda e fofa, e a Bella está muito mais linda agora!

Pensamento: *Aproveite a vida ao máximo !*

Resumindo o Brasil....

Cheguei na casa dos meus pais para ver como estava a obra para a construção da dark kitchen. Meses depois, abrimos, e foi um sucesso. Levei algumas ideias do Conga para lá, mas posso dizer que ficaram bem melhores! O modelo de negócio me encantou. Foi um sucesso, somente no primeiro mês…

Quando eu abri a cozinha, as coisas em relação à pandemia estavam melhorando. O governo brasileiro tinha liberado um auxílio para a população, e a matemática é fácil. Se o povo tem dinheiro, eles compram. Se não têm, não compram. No mês seguinte, a pandemia voltou a apertar e o movimento foi caindo para geral.

Por outro lado, as coisas em Portugal estavam melhorando, praticamente normais, em relação ao trabalho. E aí eu tive que fazer mais uma escolha difícil: Ou eu continuava injetando o resto do dinheiro na cozinha, ou pegava o que restou e voltava para Portugal com a minha família. Talvez você diga:

- Por que foi difícil? Afinal, você queria isso.

Sim, sem dúvidas, mas havia algo que eu também queria: ser dono do meu próprio negócio.

Fechei a operação no Brasil, enxuguei os gastos, vendi o meu iPhone 11 Pro Max e comprei as passagens para Portugal. Detalhe, só estava podendo entrar em Portugal: residentes, por motivos familiares, cidadãos ou motivo de saúde.

Eu não me encaixava em nenhum desses. Afinal, eu não tinha a autorização de residência. Contratei uma advogada, matriculei a Isabella em um curso técnico em Portugal e fomos para o aeroporto. Nessa época da pandemia, as coisas estavam tão sinistras que a imigração estava sendo feita antes do embarque. Geralmente, a imigração para brasileiros só é feita em solo europeu. Porém, se a companhia aérea deixasse você voar sem estar enquadrado nos perfis que citei acima, a própria companhia aérea tinha que te trazer de volta e de graça. Para isso não acontecer, as companhias aéreas começaram a fazer uma espécie de imigração na hora do check-in, e eu vi muita gente sendo barrada antes mesmo de voar.

Porém, era tudo muito novo, e as atendentes do check-in não são especialistas em imigração. Cheguei no aeroporto e fui fazer o check-in com a Isabella e com a minha filha. A mulher fez mil e uma perguntas, e eu respondi todas. Falei o seguinte para ela: "Eu moro em Portugal, e estou regressando agora porque o SEF me enviou um email para que eu venha me apresentar lá no mês que vem.

Ela é minha mulher e minha filha. A minha mulher não tem residência, mas ela está indo por motivos de estudo." A atendente pediu o comprovante de matrícula e eu dei. Embarcamos.

Chegando em Portugal, iríamos passar pela verdadeira imigração agora. Para pensar que eu não tinha nenhum documento que possibilitasse a minha entrada no país. Chegando na imigração, a conversa foi essa:

Agente de imigração:
- O que vocês estão vindo fazer aqui?
Eu:
- Estou voltando para casa, moro aqui.
Agente de imigração:
- Você tem título de residência?
Eu:
- Não.
Agente de imigração:
- E por que você não tem?
Eu:
- Porque o SEF entrou em greve bem na minha vez. O motivo de eu não ter a residência é culpa vossa, e não minha."
Agente de imigração:
- Bem-vindos, podem entrar.

Pensamento: Sagacidade é para quem tem.

Foi no Brasil, convivendo com as pessoas, que percebi que a maioria, para não dizer todos, sabia que poderia ser, fazer e ir mais longe. No entanto, elas não queriam, pois dava muito trabalho. Estavam decididas a não fazer nada para mudar, mas reclamavam da vida que tinham. Como as pessoas não querem ser melhores?

Isso foi um choque tão grande para mim, que na época, até parei de criar contéudo sobre desenvolvimento pessoal. Não entra na minha cabeça que você não tenha fé em você!

Capítulo 11 Você pode e deve ir mais adiante.

Quando você perdeu a fé em si mesmo?

Quando você nasceu, provavelmente você foi motivo de alegria e o dia do seu nascimento é tão importante que todos os anos se comemora o seu aniversário. Esse dia marcou não só a sua história como a história de muita gente.

Acredito que todos iam à sua casa para te visitar e ver o recém-chegado milagre ao mundo. Eu não lembro de nada dessa época, afinal eu era apenas um bebê. Porém agora eu tenho uma filha e vou falar uma coisa para você: todos os dias são um dia de festa, tudo que ela faz é motivo de risada. A Lorena chegou e mudou a minha vida e a vida da minha família. Ela é a alegria em pessoa.

Agora eu entendo por que dizem que uma casa sem criança é uma casa sem alegria. Eu costumo conversar com ela mesmo sem ela entender uma palavra. Digo para ela que ela pode e vai ser quem ela quiser, que nada é impossível, que ela é forte e acredito que no seu caso também foi assim.

Se você teve uma infância saudável, vai lembrar de quando os seus pais ou alguma figura paterna te diziam que você poderia ser quem quisesse ser, que nada era impossível, diziam para você que você poderia ser médico, astronauta, piloto de Fórmula 1, modelo... qualquer coisa!

Quando nascemos exalamos VIDA. Ninguém diz para um bebê que ele vai ser muito feliz porque ele já é feliz, ele carrega a mais pura felicidade. E agora você se vê na fase adolescente ou adulta querendo ser feliz… onde você se perdeu?

Quero te ajudar hoje a recuperar o cheiro da vida que está dentro de você. Talvez você me fale: 'Ah Matheus, você não sabe o que eu passei, não sabe o que estou passando, a minha infância não foi bem assim, os meus pais não me queriam, eu fui um erro.'

Você está certo, eu não sei nada sobre você. Mas eu sei que você nasceu e está aqui lendo esse livro em vida e eu sei que você carrega vida dentro de você. Nada é impossível! Você pode fazer o que quiser e pode ser quem quiser! Não interessa se ninguém acredita em você! Você carrega VIDA aí dentro! O Senhor Deus te fez à imagem e semelhança dEle e ainda soprou o fôlego de vida dentro de você!

Não acredita? Pode ir conferir na bíblia:

Gênesis capítulo 1 versículo 26 ao 28 E disse Deus: "Façamos o homem à nossa imagem, conforme a nossa semelhança; que ele domine sobre os peixes do mar, as aves do céu, os animais domésticos, toda a terra e todo réptil que se arrasta sobre a terra." Deus, então, criou o homem à sua imagem; à imagem de Deus o criou; homem e mulher os criou. Deus então os abençoou e lhes disse: "Frutificai e multiplicai-vos; enchei a terra e sujeitai-a; dominai sobre os peixes do mar, as aves do céu e todos os animais que se arrastam sobre a terra." E em Gênesis capítulo 2 versículo 7 "O Senhor Deus formou o homem do pó da terra e soprou em suas narinas o fôlego da vida; e o homem se tornou uma alma vivente."

Quero dizer-lhe que ainda há tempo para recomeçar.

Há um livro da Bíblia de que gosto muito, Eclesiastes. Aconselho você a ler este livro. Existe uma passagem muito forte nesse livro que me fez refletir e girar uma das chaves mais importantes da minha vida. O texto é o seguinte:

"Lembra-te do teu Criador nos dias da tua mocidade, antes que cheguem os dias difíceis e se aproximem os dias da velhice em que dirás: 'Não tenho mais satisfação em meus dias!'" Eclesiastes 12.1

Os "dias difíceis" aos quais o autor se refere são relacionados à velhice, ao final da sua jornada aqui na terra. Imagine você no auge da velhice, olhando para trás e pensando:

"Caramba, eu poderia ter feito mais, ter sido mais, ter ido mais longe, e não fui. Agora não posso voltar atrás e reviver as paixões, os medos, os desafios…" Isso é no mínimo angustiante. Lembre-se de que eu disse que o tempo é implacável? Pois é, ele não perdoa nada nem ninguém.

Muitas pessoas me dizem: "Matheus, pare com isso. Nem todo mundo quer ser como você. Nem todo mundo está interessado em ter, ser ou ir mais longe."

E isso é verdade…

Desde que tenho redes sociais, tento motivar pessoas que se identificam com isso. Algumas pessoas não sabem que podem ser mais do que estão sendo até que alguém lhes mostre.

Quando eu estava sem clube, ia treinar sozinho na praia, na academia, correndo, em casa. Eu era tão constante que transbordava isso. Eu fazia o que tinha que fazer porque amava fazer aquilo. Cresci com meus pais levando eu e meus irmãos para fazer caminhadas locais, trilhas, caminhadas na praia. Cresci em um ambiente muito atlético - posso dizer assim - esse lado mais atlético veio do meu pai que era tão constante quanto eu.

Na verdade eu tentava imitá-lo e acabei me apaixonando por testar meus limites físicos. Eu fazia isso com tanta leveza e força ao mesmo tempo que se você fizesse parte do meu ciclo social você em uma semana estaria indo caminhar ou correr comigo. Era algo do tipo: "Caramba, esse cara fala tão bem disso e está tão saudável e feliz. Eu quero testar." Os produtos que mais vendem são os que funcionam. Claro que boa parte dos meus amigos não iriam sempre comigo. Afinal de contas, não basta apenas querer ter ou ser; temos que fazer dia após dia. Ir caminhar ou correr ou até mesmo começar um novo hábito não é difícil; o difícil é fazer todos os dias. Então, à medida que crescia, comecei a motivar as pessoas a melhorarem em algumas áreas da vida.

O interessante é que eu fazia isso sem querer, era simplesmente um TRANSBORDO de algo que eu realmente vivia.

Com o passar do tempo, percebi que nem todo mundo tinha fé em si mesmo. Isso foi um choque para mim, pois eu sempre acreditei em mim mesmo e, se quisesse algo que parecesse improvável, tentava e estudava até conseguir. Eu pensava que todo mundo era assim, mas não é.

Então, comecei a querer ajudar o maior número de pessoas possível. Mas primeiro comecei dentro de casa. Aqui vai uma dica: se você quer mudar o mundo, se quer ser o melhor, fazer o melhor, comece pela sua casa. Esse é o seu mundo, quer você queira ou não.

Por incrível que pareça, meus pais já não estavam tão atléticos e minha mãe estava com sobrepeso - obesidade. Meus irmãos já não estavam mais tão conectados com a natureza como antes. Tínhamos parado de caminhar ou correr em família. Estávamos entrando na adolescência e na vida adulta e cada um estava indo para um lado diferente. Outra dica: Aproveite cada caminhada em família. Uma vez vocês saem todos juntos para caminhar pela última vez e não sabem.

Por isso, cada momento é importante, pois cada um é único. Isso não se trata apenas de morte - às vezes sim - mas se trata de ciclos e ciclos acabam. Aproveite o seu.

Comecei a caminhar sozinho. Chamava meus irmãos algumas vezes, mas eles não tinham mais tanta vontade de ir. Minha mãe nem se fala e meu pai só conseguia ir nos finais de semana por causa do trabalho.

Agora imagine o cenário: meus pais estavam passando por uma crise financeira com três filhos. Apenas meu pai estava trabalhando e minha mãe cuidava de nós. Tenho a impressão de que essas fases eram mais difíceis para a minha mãe. Digo isso porque herdei muitas coisas dela e uma das coisas que herdei da minha mãe foi gostar e saber que eu merecia as melhores coisas.

Eu estava tentando motivar a minha família. O engraçado é que vou revelar algumas coisas aqui que só farão sentido para os meus irmãos e os meus pais agora.

Comecei a motivar a minha família fazendo o que tinha que ser feito todos os dias. Comecei a me aproximar mais de Deus e isso me levou à gratidão. Quanto mais observava as coisas, mais grato eu era.

Na casa dos meus pais havia um terreno grande, mas acidentado. Meu pai sempre comprava areia de aterro para corrigir o terreno quando podia, o que levou anos. Pense num cara insistente e incansável! Meu pai finalmente conseguiu corrigir algumas falhas do terreno e agora ele estava quase plano.

No entanto, como passamos muito tempo com o terreno da nossa casa - que era bem grande por sinal, mas acidentado e cheio de altos e baixos - ele era grande mas não muito útil.

Quando meu pai deixou o terreno mais ou menos bom - o que levou cerca de dez caçambas de areia de aterramento - agora vinha a parte de deixar tudo plano e plantar ou esperar a grama crescer. Mais um processo lento.

No meio desse processo, nós não estávamos valorizando nosso terreno porque o processo era repetidamente cansativo e como não tínhamos dinheiro para acelerá-lo, não havia outra opção senão esperar.

Nosso terreno tinha um pé de coco, um pé de manga e dois pés de acerola. Além disso, tinha um pé de caju do vizinho que caía para o nosso lado do terreno. No entanto, nós não estávamos valorizando isso da melhor forma.

Um dia fui visitar uns parentes da minha sogra e chegando lá na casa deles eles tinham uma bela casa e um belo terreno. Quando entramos, minha sogra perguntou por alguém e a mãe dele respondeu: "Ele está cuidando do terreno, já já ele vem aí.

Logo depois, chegou esse cara, cumprimentou a todos e ofereceu água de coco. Todos disseram que queriam, e rapidamente ele subiu no pé de coco, que não era muito alto, e tirou um cacho de coco. Em seguida, começou a falar sobre como gostava daquele terreno e daquela casa. A casa, que já era linda, ficava ainda mais bonita cada vez que ele a valorizava. Aquilo mexeu comigo. Por quê?

Na minha casa tinham as mesmas coisas que na casa dele, só que a casa dele tinha alguém grato e apaixonado por isso, e na minha não.

Na manhã seguinte, retomei um hábito que tínhamos quando éramos crianças: comecei a varrer a frente da nossa casa e, em seguida, fui limpar o terreno. O engraçado é que eu nunca havia limpado o terreno porque eu não o valorizava. Olhar para trás da nossa casa, onde ficava o terreno, era como olhar para um lugar cheio de mato e até mesmo lixo. Comecei a planear o terreno - quem já fez isso sabe como é trabalhoso - e mesmo estando no inverno, continuei planeando o terreno. Eu não podia esperar; queria ver ele pronto. Comecei a cuidar do terreno todos os dias. Eu acordava cedo, já que tinha que deixar minha mãe na parada de ônibus às 05:15 da manhã, e quando eu voltava para casa em vez de voltar a dormir, eu ia para o terreno e começava a ser grato por tudo. Eu fazia uma oração assim:

- "Meu Deus, como é bom dar-te graças e cantar hinos à tua honra ó altíssimo, anunciar de manhã o teu amor e de noite a tua fidelidade. Pai muito obrigado pela vida da minha mãe, pela vida do meu pai, pela vida dos meus irmãos e pela minha vida. Obrigado por toda essa saúde que nos rodeia. Obrigado pelo ar, pelo sol, pelo mar, pela brisa. Obrigado pelas aves no céu. Obrigado pelos meus animais de estimação."

Eu simplesmente ia agradecendo por tudo que os meus olhos viam ou pelo que eu podia lembrar. Então começava a cuidar do terreno e mais uma vez me apaixonei por isso.

Então agora eu estava indo caminhar e correr, acordando mais cedo, cuidando do terreno e sendo grato. Minha irmã estava na mesma energia e meu irmão não tinha escolha senão seguir o fluxo. Todos começamos a valorizar mais o nosso terreno e agora todos cuidavam dele. Duas vezes por mês, mais ou menos eu e meu irmão cortamos a grama do terreno - ainda posso sentir aquele cheirinho de grama verde cortada - instalamos luzes pelo terreno e até fiz uma choupana. Fizemos mesas com paletes e o terreno ficou super aconchegante. Naquele ano fizemos a festa de ano novo lá; foi a primeira vez em mais de quinze anos. Valorize o que você tem e mesmo que o cenário não seja o melhor continue remando.

Estava tudo indo bem; já nem nos importávamos com os problemas financeiros - eles já estavam sumindo também - afinal os problemas não tinham como continuar existindo em um lugar onde todos eram gratos. Minha mãe voltou a caminhar e correr também; comecei a estudar educação física para poder ajudar minha mãe a perder peso

.

e focar em pessoas com essa dificuldade; minha mãe perdeu trinta quilos em menos de sete meses; eu larguei a faculdade pois meu objetivo de vida era maior.

No ano seguinte o terreno estava ainda melhor; fizemos mais uma vez a festa de fim de ano lá. Foi incrível: os amigos mais próximos, Bella e minha família estavam lá. O terreno ficou curado porque nós nos curamos primeiro.

No ano seguinte comecei a viajar; meu pai disse que toda a grama do terreno secou e não queria crescer mais, e não era porque eles não estavam cuidando, muito pelo contrário. Ele me mandou fotos e vídeos e eu sentia que aquilo tinha alguma conexão com a minha partida.

Se você quer mudar o mundo, comece pelo seu mundo. Mude sua mente, seus hábitos, mude a você e depois comece a mudar a sua casa, uma coisa de cada vez, um passo de cada vez. É como o meu pai diz:

- "Fazendo o certo, nunca dá errado."

Todo esse processo que você acabou de ler durou cerca de três anos. Não é fácil, mas vale muito a pena!

Então, comecei a querer motivar mais pessoas, além do meu ciclo social. Queria motivar meus amigos, queria motivar você! Comecei a produzir conteúdo na internet, a fazer vídeos, a escrever textos, a criar projetos.

Eu acreditava que todos poderiam e deveriam ser mais, ter mais e fazer mais.

Eu acreditava nas pessoas e pensava que elas não eram melhores ou não se melhoravam porque não sabiam do seu potencial.

Até que fui para o Brasil com o meu irmão por conta da pandemia, chegando lá, notei que as pessoas sabiam que poderiam ter, ser e fazer mais. Só que elas simplesmente não queriam; dava muito trabalho. Isso foi devastador para mim.

Capítulo 12 Como as pessoas não querem ser melhores?

Isso não entra na minha cabeça. Fiquei sem produzir conteúdo por um bom tempo e comecei a analisar os gráficos das minhas redes sociais. Comecei a comparar vídeos de besteirol com vídeos de crescimento pessoal, melhoria, expansão, insights. A diferença era gritante, coisa de milhões. Foi aí que eu virei mais uma chave mental: a média é baixa e as pessoas são mediadas por opção, o que torna a média muito baixa. Então, se a maioria das pessoas são menos medíocres, se você se esforçar só um pouquinho, você já é melhor do que a maioria.

Não estou falando que as pessoas de 'Sucesso' não sofrem ou que chegam ao final da vida sem arrependimentos. Todos chegam ao final da vida com arrependimentos. Só que uns se arrependem por não ter vivido mais ou aproveitado como deveria, enquanto outros se arrependem de não terem transformado mais vidas. Cabe a você que tipo de arrependimento vai ter.

'Não faz sentido acender uma lâmpada e depois colocá-la sob um cesto. Pelo contrário, ela é colocada num pedestal, onde ilumina todos que estão na casa. Da mesma forma, suas boas obras devem brilhar, para que todos as vejam e louvem seu Pai, que está no céu.'

Mateus 5.15 Exerça a sua grandeza.

O meio não é o fim.

Você decide mudar de hábitos e consequentemente você muda de vida. Uma coisa feita da forma correta vai mudar outras, não tem erro. Você começa a caminhar e se dedica para isso. Um tempo depois você está correndo e fazendo isso bem feito. Você vai mudar outros hábitos, você começa a beber mais água, se alimentar melhor e até a dormir melhor. O começo e o meio de uma coisa não é o fim.

Você pode estar agora em meio ao maior caos, vivendo em um ambiente com brigas, gritos, um ambiente hostil. Isso faz você parar de olhar para as coisas boas da vida até que você tire o foco disso para outra coisa.
Talvez você me diga: 'Ah Matheus, não é tão fácil assim.'
Você já se apaixonou por alguém? Uma pessoa apaixonada corre riscos, pula muro, fica horas no celular conversando e fica até sem dormir se for preciso. Uma pessoa apaixonada briga pela sua paixão e quanto mais alguém fala que não vai dar certo, mais ela insiste e alimenta essa chama chamada paixão.

Uma pessoa apaixonada não mede esforços, ela faz! Que tal você se apaixonar pela sua vida? De todas as paixões, essa vai ter recíproca verdadeira.
Quando eu estava no ensino médio, eu estava passando por uma crise de identidade gigante. Talvez todos os adolescentes passem por isso.

Essa é uma fase onde todas as suas convicções se chocam com o mundo real e você não é formado apenas por suas convicções. Você cresce em um ambiente que te injeta convicções e você as toma como verdadeiras mesmo que de forma inconsciente.

Seus pais ou as pessoas que cuidam de você são responsáveis por isso. Seus amigos, os livros que você lê, as coisas que você assiste… tudo isso cria um mundo que você chama de seu.

Quando você chega na adolescência você quer ser aceito mas não quer ser tratado como criança. Então você começa a se espelhar em pessoas que você acha legal. E é aí que muitos adolescentes se perdem e não conseguem voltar a si.

No ensino médio eu comecei a modelar uma pessoa que eu achava ser irada! Vou descrever essa pessoa pra você: calado, não demonstrava muito os sentimentos, tímido… Totalmente o contrário de mim.

Mas por que eu decidi modelar essa pessoa? Aparentemente ele se dava bem com as meninas e era isso que eu queria.

Resultado? Passei todo o ensino médio sendo uma pessoa na escola que não era eu. Danos irreparáveis.

Você pode e deve modelar pessoas que você admira mas nunca deixe de ser quem você realmente é. Isso me prejudicou tanto que hoje em dia eu não tenho nenhuma amizade forte daquela época, Porém, eu aprendi. Até hoje eu continuo modelando algumas pessoas. Às vezes preciso aprender a ser mais cara de pau, então modelo alguém assim, nesse sentido específico. Ou então preciso ser mais frio, mais amoroso, mais focado, então modelo alguém assim. Mas modelo especificamente o que quero, sem deixar de ser EU.

Quando você entender que tem que levar a sua vida da mesma forma que um atleta olímpico se prepara para uma Olimpíada, você vai ter uma vida mais fácil. Costumo dizer que é mais fácil ser desorganizado do que ser organizado. Passei um tempo agindo como uma pessoa normal, sendo mediano em vários quesitos e a minha vida ficou muito difícil, porque ser mediano é muito difícil. Fiquei mais ou menos um ano e meio agindo como uma pessoa normal, trabalhava para sobreviver e pagar as contas, vivia um dia de cada vez, esquecia a toalha em cima da cama ou o barbeador usado no banheiro. Parece besteira né?

Cuidado, o diabo mora nos detalhes. De repente eu queria usar uma camisa, mas eu não sabia onde ela estava, já que eu não estava arrumando as minhas coisas como arrumava antes. E quando eu a encontrava, ela estava toda amassada ou suja.

Mas Matheus, o que isso tem a ver com uma vida de sucesso? Primeiro eu quero perguntar: O que é sucesso para você? O que é prosperidade para você? Quem me acompanha ou me segue há um tempo já sabe que sucesso e prosperidade para mim é ter tempo e ser quem você quer ser. Isso não tem nada a ver com você ser rico ou pobre, tem a ver com uma questão que muda tudo.

Você está fazendo, sendo e indo onde você realmente quer? Se a resposta é sim, eu não quero nem saber o que você está fazendo, continue! Talvez você leia essas páginas e fique pensando:

- Caraca, vou ter que arrumar o que fazer para ser tão produtivo quanto o Matheus.'

Não precisa arrumar mil e uma coisas para fazer, apenas faça o que você disse que iria fazer.
Ser produtivo é você fazer o que tem que ser feito e mais nada. Está vendo como é fácil? É que você ouve ou lê algumas pessoas e até eu mesmo falando coisas do tipo: acorde cedo, tome banho gelado, não assista pornografia, descanse, beba água etc.. É claro que nada disso vai fazer você ter sucesso.

E pra quê eu vou fazer isso então? COMPROMISSO! Pequenas vitórias no seu dia a dia geram um desafio de forma inconsciente. Vamos supor que você se comprometeu a fazer alguma dessas coisas amanhã e quando você acorda você realmente faz. Isso é uma vitória. E depois você bate a sua cota de água, se alimentou bem… Você está fazendo tudo certo. Então você não vai faltar à academia já que você fez tudo isso durante o dia. Ir para a academia é o de menos.

Pequenas vitórias constroem um dia vitorioso. Um dia vitorioso constrói uma semana vitoriosa. Uma semana vitoriosa constrói um mês vitorioso. E meses constroem anos. E anos constroem vidas.

Do mesmo jeito que um abismo chama outro abismo, um degrau chama outro degrau. Não estou dizendo que é fácil. Eu estou dizendo que é mais fácil do que ter uma vida mediana,

Você acorda pela manhã e a pia da sua cozinha está totalmente limpa e sem nenhum prato sujo. Confesse que é mais difícil para você ser o primeiro a deixar um prato sujo naquela pia limpa. Agora, se a pia já está totalmente cheia, você vai colocar o prato sujo lá e vai deixar, afinal, é só mais um. Mantenha a sua pia limpa e, se por acaso você vacilar um dia ou outro, está tudo bem. Mas vá limpar tudo assim que identificar. E eu não estou falando sobre pia ou pratos. Cuidado com quem você escolher para dividir a pia com você.

Todas as coisas têm uma influência sobre você: as músicas que você escuta, as pessoas com quem você anda, os livros que você lê, o jornal que você assiste etc. Não acredita?

Te convido a fazer um estudo de campo. Comece a andar com alguém que transborde algo, alguém que seja positivo, alegre ou determinado, ou então uma pessoa apaixonada por algum esporte. Comece a andar com essa pessoa, se torne próxima dela e você verá o que vai acontecer com você.

Se trate bem.

Sugiro que você comece a se tratar como trata uma visita. Como assim? Como você costuma tratar as visitas que recebe? Os melhores pratos, os melhores talheres, a toalha limpa e dobrada no banheiro, até a mesa você coloca.

Agora, por que você faz isso para uma visita, que é alguém que provavelmente ainda vai sair da sua casa e falar mal de algo? E para você e sua família, que são as pessoas mais importantes da casa, comem em qualquer prato, não colocam a mesa, a toalha é a mais suja ou molhada… Isso é mais normal do que comum. Isso acontece porque as pessoas não se valorizam, não se tratam bem e depois ficam reclamando da vida. Estão tristes, não prosperam em nada que fazem ou até prosperam, mas continuam se tratando como lixo ou pior, tratando a família como lixo.

O primeiro e mais importante ponto aqui é você se conhecer. Saber quem é você, é essencial para uma vida mais leve.

Quando você se conhece e se respeita, tudo fica mais fácil. Vou te dar um exemplo: você começou a praticar o autoconhecimento e começou a se respeitar. Agora você não vai mais dar o seu tempo para qualquer pessoa. Não vai mais aceitar qualquer convite só para não ficar mal com aquela pessoa, afinal, você não quer ir.

O segundo ponto e não menos importante é saber que a única pessoa com quem você vai passar 24 horas por dia durante toda a sua vida é com você mesmo. Você não passa mais tempo com ninguém que não seja você. Já te falei em alguns capítulos anteriores que você não é só você. Sabe quando você diz sim e sua mente grita NÃO?

Então esse é o seu eu interior dizendo: 'Nós não queremos ir, nós não concordamos, nós não achamos isso engraçado.' Mas você não se respeita e acaba dizendo sim para tudo, rindo de coisas que não acha graça. Você se torna uma marionete na mão das pessoas e, o pior, a culpa não é delas, é sua! Comece a se respeitar, diga não, se imponha. Quem não escolhe o que quer aceita qualquer coisa. Se agrade ou, no final da noite ou da vida, você vai ouvir o seu eu interior dizendo: 'Deveríamos ter feito mais.'

O terceiro passo é: deixe claro aquilo que você realmente quer e não aceite menos do que isso. Fiz uma semana seguida de live no Instagram com o título: '100 REAIS NO PIX OU UMA SEMANA MARAVILHOSA?'

:

Usei o mesmo exemplo nessas lives todos os dias. Vamos supor que você quer comprar o iPhone mais novo e você passa um tempão juntando aquela grana para poder comprar aquele iPhone. E quando você finalmente consegue toda a grana e vai na loja da Apple para poder comprar, o vendedor te fala: 'Temos outro modelo na promoção, metade do preço é só um pouco diferente do que você quer.'

E aí você troca de ideia em cima da hora e leva o mais barato. Você se preparou, juntou a grana e na hora do vamos ver você mudou de ideia. Você não queria o melhor iPhone, você queria qualquer um. Eu mesmo já fiz isso várias vezes até que comecei a observar o meu irmão e ele sempre dizia: 'Não, eu vou levar o que eu vim buscar, se não eu vou me arrepender depois.'

E ele está certo. Na vida não é muito diferente. Ou você deixa claro o que você quer ou você vai começar a aceitar qualquer coisa. Toda escolha que você não faz, alguém faz por você. Seja o DONO DAS SUAS ESCOLHAS.

:

O quarto passo: JUST DO IT!

Apenas faça o que tem que fazer, sem desculpas, sem vontade, apenas faça! Um amigo meu estava fazendo um tratamento para espinhas e ele disse que estava fazendo uso de um medicamento que deixava ele muito cansado e sem vontade de treinar ou de correr.

Porém o médico disse a ele que se ele fosse treinar nesses dias ruins e sem vontade, quando o efeito do remédio passasse ele não iria faltar a um treino. Ou seja, se ele consegue ir treinar sem vontade sobre os efeitos do remédio, nos dias normais ele não iria faltar.

Ouvi aquilo e tomei para mim. Eu não estava fazendo tratamento para nada porém quando eu estava com preguiça lembrava do que ele me disse e eu ia treinar mesmo assim e pensava:

'Caraca se eu estou indo hoje sem ânimo algum imagina quando eu estiver bem?' Apenas faça o que tem que fazer como um robô. Isso é igual a beber água: você não pensa, só faz!

Por último quero te dizer para ser como um espartano. Se você nunca assistiu ao filme 300 aconselho você a assistir. A disciplina dos soldados foi algo que chamou a minha atenção porém teve algo que chamou a minha atenção ainda mais: o fato de eles não terem medo de nada. E eles não tinham medo porque subestimaram os adversários eles não tinham medo porque eles sabiam quem eles eram. E isso foi fundamental na minha vida: você só se garante quando você faz o dever de casa.

Participei de algumas corridas de 100 metros na época da escola e antes de começarem os jogos eu falava:

- 'Ninguém aqui é mais rápido do que eu.'

Eu não falava isso porque eu achava que era o mais rápido ou porque estava subestimando os meus concorrentes eu falava isso porque eu me garantia afinal eu tinha feito o dever de casa. Resultado? Ganhei corridas durante todos os anos que estudei lá, e eu estudei lá uns cinco anos."

:

:

Quantas vidas a sua vida mudou?

Faço essa pergunta a mim mesmo algumas vezes e sugiro que você também faça. Quantas vidas a sua vida tem mudado? Uma, duas, dez, nenhuma? Não sabe como fazer para transformar vidas? Vou te contar como: se torne incrível!

Foque em você, cresça, evolua, seja melhor do que ontem. Faça o que tem que ser feito todos os dias e, quando falhar, não tem problema, comece tudo de novo. Eu sei que é desanimador quando paramos de treinar e temos que voltar a treinar. Correr atrás do prejuízo é muito ruim, ficamos nos culpando por conta disso e desistimos de ir. Mas me diz uma coisa: quando você passa o dia sem beber água direito, por qualquer motivo, você nunca mais bebe água na vida? Fica se culpando e falando que não vale mais a pena beber água porque você deixou de fazer um dia? Eu acho que não, do contrário você não estaria lendo esse livro agora. Então, apenas faça. Vai começar ou recomeçar hoje? Apenas faça!

Vou te dar uma receita que é 100% eficaz. Quer ter uma semana maravilhosa? Passe uma semana fazendo isso:

- Diga não
- Hidrate-se
- Trate-se como visita
- Deixe claro o que você quer
- Apenas faça o que tem que ser feito.

Agradecimentos...

Quero agradecer, primeiramente, ao Senhor Jesus, pela direção, cuidado, carinho e atenção. Obrigado, Abba Pai.

À minha esposa, Isabella, que foi uma peça fundamental para a conclusão e criação deste livro, agradeço à minha família, aos meus pais e aos meus irmãos, e aos amigos em que pude contar.

Sou grato aos pais da Bella, por todo o cuidado e auxílio quando foi preciso.

Sou grato pela vida da minha filha Lorena, que trouxe mais vida e amor para as nossas vidas. Ela já nasceu transbordando.

E, por fim, mas não menos importante, sou grato a você, leitor, que está compartilhando essas experiências comigo. Quero ver você sendo, fazendo e indo mais adiante. Você pode fazer tudo o que quiser, pois tudo é possível quando se está comprometido.

Considerações finais...

Enquanto concluo este livro, quero comunicar que a Bella e a minha filha já estão comigo em Portugal. Os meus pais também estão aqui, assim como os meus irmãos, os pais da minha mulher, a minha cunhada e a namorada do meu irmão. Esses dias, fui para uma aventura com o meu pai pela Espanha, França e Bélgica. Minha mãe e meus irmãos estão vivendo na Europa.

Também quero falar que os meus amigos de infância e até a família deles estão aqui na Europa. Praticamente todas as pessoas que eram próximas a mim estão na Europa também. Estão sendo, fazendo e indo mais adiante do que já foram um dia. Mais de quarenta pessoas e famílias foram influenciadas simplesmente porque uma pessoa:

- Disse não
- Se hidratou
- Se tratou como visita
- Deixou claro o que queria
- Apenas fez o que tinha que ser feito

E você, quantas vidas a sua vida mudou?

APENAS FAÇA !
JUST DO IT !

Matheus Belchior da Silva

Printed in Great Britain
by Amazon

32143653R00069